DECISÕES FINANCEIRAS
E O COMPORTAMENTO HUMANO

DECISÕES FINANCEIRAS

E O COMPORTAMENTO HUMANO

Igor Barenboim

Iana Barenboim

figurati

figurati

COORDENAÇÃO EDITORIAL
Cibely Aguiar de Souza Sala

EDIÇÃO
ReCriar Editorial

LEITURA TÉCNICA
Eduardo de Carvalho Braga

PREPARAÇÃO E REVISÃO
ReCriar Editorial

PROJETO GRÁFICO
Daniel Justi

ILUSTRAÇÕES
RJP

DIAGRAMAÇÃO
Globaltec Editora

© figurati editora, 2021

Dados Internacionais de Catalogação na Publicação (CIP)
Angélica Ilacqua CRB-8/7057

Barenboim, Igor
  Decisões financeiras e o comportamento humano.
  Igor Barenboim, Iana Barenboim. – Barueri, SP : Novo Século Editora, 2021.
   216 p. : il.

  Bibliografia
  ISBN 978-65-5561-198-4

  1. Economia 2. Finanças - Modelos teóricos 3. Comportamento humano I. Título
  21-1685   CDD: 641.6

Índices para catálogo sistemático:
1. Economia 330

figurati
uma marca do
Grupo Novo Século

Grupo Novo Século
Alameda Araguaia, 2190 – Bloco A – 11º andar – Conjunto 1111
CEP 06455-000 – Alphaville Industrial, Barueri – SP – Brasil
Tel.: (11) 3699-7107 | E-mail: atendimento@gruponovoseculo.com.br
www.gruponovoseculo.com.br

APRESENTAÇÃO

Este livro se originou das notas de aula para o curso de Finanças Comportamentais que ministrei nos últimos anos na Escola de Economia de São Paulo da Fundação Getulio Vargas (FGV/EESP). Questionamentos e comentários dos alunos me ajudaram a enriquecer o conteúdo que será apresentado. Minha experiência e vivência no mercado financeiro, nos anos em que trabalhei na Gávea Investimentos, no Itaú-Unibanco e na Reach Capital, foram cruciais para estabelecer a ponte entre a linguagem acadêmica, mais formal, e a linguagem dos práticos de finanças. Pedi à Iana, coautora desta obra e especialista em levar conhecimento de economia e finanças a pessoas com menos instrução formal, que me ajudasse a transformar as notas de aula em um livro que atendesse também um público não familiarizado com o mundo das finanças. Afinal, o estudo de como os seres humanos tomam decisões, em geral, e as financeiras, em especial, pode ajudar a todos a se aprimorar na tomada de decisões. Por exemplo: ao comprar um carro, você considera o seguro, o IPVA e a manutenção? Quando compra um apartamento, pensa no IPTU, no condomínio e na liquidez de venda? Gostamos de decidir rapidamente e não levar em conta todos os elementos – isso é inerente ao ser humano. Mas a leitura deste livro pode ajudá-lo a conhecer melhor seus vieses e suas emoções, e a tomar, a partir disso, decisões mais acertadas.

O livro apresenta algumas partes técnicas que são importantes para o entendimento mais aprofundado do tópico por economistas e financistas. Há também, ao final de cada capítulo, uma seção de perguntas para fixar ideias do conteúdo, mais focada naquelas pessoas com conhecimento técnico. Para o leitor que não gosta de matemática, sugiro pular toda a parte de modelos e ir da Introdução para o Capítulo 9.

Aproveite a leitura!

SUMÁRIO

INTRODUÇÃO 9

OS MODELOS TEÓRICOS 13
1. A HIPÓTESE DOS MERCADOS EFICIENTES (HME) 15
2. OS MODELOS DE MERCADO 29
3. QUANDO A LEI DO PREÇO ÚNICO FUNCIONA? 37
4. O MODELO DE SHLEIFER 47
5. ANÁLISE TÉCNICA E OPERADORES DE BARULHO 57
6. O EXCESSO DE VOLATILIDADE E A MACROINEFICIÊNCIA 63
7. MODELOS DE *FEEDBACK* 69

O COMPORTAMENTO HUMANO 77
8. O *BENCHMARK* DA RACIONALIDADE 79
9. ANOMALIAS COM A CERTEZA 91
10. TEORIA PROSPECTIVA 97
11. VIESES DE PERCEPÇÃO 107
12. CAUSALIDADE E ESTATÍSTICA 115
13. ILUSÕES 129

O QUE DIZEM OS PREÇOS 135
14. INVESTIMENTO CONTRÁRIO: REVERSÃO À MÉDIA 137
15. MOMENTO DE PREÇOS E LUCROS: CORRELAÇÃO SERIAL 149
16. EFEITO CALENDÁRIO 155
17. LIQUIDEZ 161
18. PRÊMIO DE RISCO DAS AÇÕES 167

SÍNTESE TEÓRICA 175
19. O NOVO MODELO DE SHLEIFER 177

EPÍLOGO 189
REFERÊNCIAS BIBLIOGRÁFICAS 197
GLOSSÁRIO 205

INTRODUÇÃO ▶

Este livro se propõe a expor a crítica à teoria tradicional de finanças que, por diversas razões, deixou de considerar fatos do dia a dia do comportamento humano. Nas últimas três décadas, uma literatura extensa se dedicou a documentar a insuficiência da teoria de finanças para explicar a realidade. Os estudos indicavam que as premissas dos modelos tradicionais não correspondiam à forma como os indivíduos tomam decisões. Se as premissas dos modelos podem ser falsas, a principal conclusão teórica clássica (de que os mercados são eficientes) talvez também seja.

Mais especificamente, na literatura econômica e financeira tradicional, usa-se como dado o fato de que os indivíduos tomam decisões de maneira racional. Isso significa que, consideradas as restrições de renda, riqueza e liquidez (quantidade de dinheiro que se tem rapidamente em mãos), os indivíduos maximizam seu contentamento (uma **função de utilidade***). Esse comportamento racional humano, somado a outras condições, implica que recursos são alocados de forma eficiente pelo mecanismo de preços tanto no mercado de bens quanto no mercado financeiro. Os preços, por sua vez, desempenham uma função de sinalização, incentivando agentes a comprar e a vender as quantidades certas de bens e ativos (recursos financeiros ou posses

---

* As palavras em destaque no texto compõem um glossário, disponibilizado no final do livro.

passíveis de conversão em recursos financeiros), a fim de que não se desperdicem recursos escassos.

No entanto, a **crítica comportamentalista** argumenta que os mercados não necessariamente produzem uma alocação eficiente de recursos e que, em geral, é possível melhorar a posição econômica de alguns indivíduos sem prejudicar a de outros. Os adeptos dessa crítica alegam que, por conta do mau funcionamento do mercado, os preços de ativos podem não refletir seu valor real. Os casos de **bolhas financeiras** são um exemplo: ativos são negociados a preços altíssimos por um tempo, até que a bolha estoure e eles percam valor de forma expressiva rapidamente.

Até ideias simples de finanças foram postas à prova pelos comportamentalistas. Eles encontraram exemplos em que ativos idênticos (que oferecem o mesmo fluxo de caixa futuro) foram negociados por longos períodos a preços diferentes. É difícil racionalizar o **achado empírico** utilizando os modelos de finanças tradicionais.

A crítica à teoria tradicional de finanças é profunda e extensa. Eventos reais, como a derrocada da Bolsa americana, em 1987, e o colapso financeiro das economias ocidentais, em 2008, colocaram mais lenha na fogueira. Afinal, é difícil conciliar esses eventos com a hipótese de que os mercados são eficientes. Qual informação adicional foi trazida a mercado no dia 19 de outubro de 1987, que o fez cair mais de 20%? O *Wall Street Journal* na época entrevistou os principais atores do mercado, sem alcançar nenhum consenso.

Considerando toda essa discussão, este livro organiza o debate comportamentalista em três principais tópicos: (1) modelos teóricos, (2) pesquisa psicológica sobre comportamento (iniciada por Kahneman e Tversky) e (3) evidência empírica, nos dados financeiros, de que o retorno dos ativos é predizível por conta de correlações seriais em preços, efeitos calendários e o impacto de **múltiplos** do balanço em retornos futuros.

Após a exposição dos três principais pilares do debate, serão abordados tópicos importantes para a teoria econômica, aprofundados pela lógica comportamentalista, tais como o enigma do prêmio de ações e as expectativas por diagnóstico.

Por fim, sugere-se uma forma prática e concreta de trabalhar em finanças com o que sabemos.

OS MODELOS TEÓRICOS

1. A HIPÓTESE DOS MERCADOS EFICIENTES (HME)

Será que o **mercado de capitais** é eficiente? Este livro tenta responder a essa pergunta em diversos momentos. A Hipótese dos Mercados Eficientes é o principal alicerce da teoria das finanças tradicionais. Neste capítulo, aprofundaremos a discussão desse tema, e tal entendimento será importante nos debates dos capítulos subsequentes.

O QUE É A HME?

A HME baseia-se na ideia de que a formação do preço de um ativo reflete perfeitamente toda informação disponível e relevante (tanto pública quanto privada) sobre ele. Nesse sentido, conhecer os preços passados de um ativo (informações públicas disponíveis) seria irrelevante para prever o movimento de mercado, pois essa informação, se fosse importante, já estaria refletida no preço de mercado do momento atual. Desse modo, não haveria por que falar em ativos caros ou baratos: mercados eficientes produziriam os preços que melhor estimam o valor de uma empresa. Nessa perspectiva, a **alocação da poupança** (reserva financeira) é, sem dúvida, eficiente e não há nenhum recurso disponível no mercado que a torne ainda mais eficiente.

Os críticos dessa hipótese contra-argumentam com o apontamento de fatos e realidades de difícil conciliação com essa teoria. Por exemplo: se o mercado é eficiente, como se explica a bolha do *subprime* do mercado imobiliário americano, que estourou em 2007-2008 nos Estados Unidos? O que dizer sobre a ascensão e a queda de Eike Batista e suas estratégias de alavancagem?

A seguir, vamos discutir as definições da HME e avaliar alguns estudos de caso que criticam e apoiam essa hipótese.

Definições da HME
A definição forte: toda informação pública e privada é irrelevante para determinar retornos dos ativos

Em geral, obtém-se informação privilegiada sobre o valor dos ativos de maneira privada nos círculos familiares/sociais e nas redes de contatos do investidor. O uso desse tipo de informação pode estar à margem da lei. Nesse caso, a pergunta a ser feita é: o acesso a esse tipo de informação necessariamente produz ganhos de capital maiores que os índices de mercado? A definição forte da HME afirma que é irrelevante ter informação privilegiada para antecipar retornos dos ativos.

Se toda informação é irrelevante, por que os *hedge funds* são tão preponderantes como veículos de investimento e cobram caro por isso? Vamos conhecer um pouco a história desse tipo de fundo de investimento.

O primeiro *hedge fund* surgiu em 1949, quando o investidor australiano Alfred Winslow Jones (1900-1989) lançou no mercado seu fundo e cunhou o nome (por isso, ele é considerado o pai dos *hedge funds*). Enquanto escrevia um artigo sobre oportunidades de investimento, Jones, articulista da revista *Forbes* à época, decidiu criar um veículo de investimento com 40% de fundos próprios e 60% de terceiros: estava sendo fundada a AW Jones.

Jones inovou ainda mais: criou a hoje famosa estratégia "Long & Short". Esse mecanismo baseia-se, ao mesmo tempo, nos princípios de posicionamento em longo prazo, em que o investidor fica comprado em ativos (os quais espera que apreciem), e em curto prazo, em que o investidor fica vendido em ativos (os quais espera que depreciem). Seu objetivo era manter posições compradas (*long*) por um longo período. Para conseguir isso, Jones pegava dinheiro a juro menor que o retorno que esperava ter com seus investimentos, estratégia atualmente conhecida como **alavancagem**. Ele também montou um mecanismo de compensação e compartilhamento de risco para os gestores dos fundos, transformando a natureza de sua empresa para adaptar a estratégia e incentivando seus gestores a ter mais *skin in the game* (ou seja, compartilhar riscos). Jones foi o primeiro investidor a usar todas essas estratégias combinadas.

Um ano depois da abertura do fundo de Jones, 140 novos *hedge funds* estavam abertos. Paralelamente à análise da definição forte da HME, questiona-se: se os mercados são eficientes e o acesso à informação é irrelevante, por que os *hedge funds* permanecem operando mais de setenta anos depois de serem criados?

> **IVAN BOESKY: INFORMAÇÃO PRIVILEGIADA É GARANTIA DE SUCESSO POR TEMPO INDETERMINADO?**
>
> "A ganância é boa" era o mantra do investidor Ivan Frederick Boesky (1937-), ex-negociante de ações norte-americano nos anos 1980. A estratégia dele baseava-se em investir em ações de empresas que estariam prestes a ser alvos de uma tomada de controle hostil (aquisição de uma empresa por meio de ações no mercado, sem a concordância dos controladores). Essa tese estava alinhada com as políticas econômicas capitaneadas por Ronald Reagan (1911-2004), nos Estados Unidos, e Margareth Thatcher (1925-2013), no Reino Unido, políticas essas que usavam tomadas hostis de controle das empresas como meio

de diminuir a relevância de sindicatos nas indústrias mais produtivas. Boesky inspirou o filme *Wall Street – poder e cobiça*, lançado em 1987.

A tese de investimento de Boesky não sobrevivia sem o acesso à informação privilegiada. Em 1987, ele foi acusado pelo governo norte-americano de usar informação privilegiada nos investimentos na Nabisco, General Foods e Union Carbide.

Como consequência, Boesky foi preso, o que significou o fim de uma era de tomadas corporativas hostis alavancadas por compras de blocos de ações e financiadas por dívidas corporativas caras. Na época, todos os que podiam continuar operando estavam envolvidos em atividades ilegais; portanto, o mercado não produzia mais essa oportunidade.

O caso Boesky nos aproxima da definição forte da HME: informação privilegiada não é tudo. Além do risco de revés com as autoridades, os fundos de Boesky não apresentaram, no longo prazo, retorno superior ao do mercado. Às vezes, deter uma informação específica faz o investidor perder o foco no todo e ter convicção demais em algo que tem chance de não acontecer. Por isso, no mercado, dizemos que muitas vezes quem quebra é o *insider*, aquele que detém informação privilegiada.

A definição semiforte: toda informação pública é irrelevante para determinar retornos dos ativos

Imagine um mundo em que as informações existentes publicamente não impliquem qualquer mudança no preço do seu ativo. O detalhe do balanço empresarial dos últimos dez anos? Não perca seu tempo. Profissionais de finanças empenham técnicas específicas para tomar decisões de compra e venda de ativos. Mas a definição semiforte da HME faz cair por terra todas essas técnicas, tais como o entendimento profundo dos números de uma empresa aberta em Bolsa.

Segundo essa definição, a totalidade dos investidores conhece todas as informações disponíveis e já se posicionou de acordo com seu conhecimento. Toda informação pública, portanto, é irrelevante para a previsão dos preços de ativos.

O economista e escritor norte-americano Burton Gordon Malkiel (1932-) analisa, em seu livro *A Random Walk Down Wall Street*, uma gama de evidências mostrando que gestores de recursos não conseguem ganhar de índices simples, como **S&P 500** ao longo do tempo. Para ele, isso significa que o mercado é eficiente.

Nesse sentido, o **mercado de investimento passivo** desenvolveu-se de forma importante nas últimas décadas por meio dos Fundos Negociados em Bolsa (Exchange Traded Funds – ETFs). São fundos que replicam o desempenho de índices como a Bolsa de Valores de São Paulo (Ibovespa) ou o Índice de Fundos de Investimentos Imobiliários (IFIX), ou de títulos do Tesouro Brasileiro indexados à inflação (IMA-B).

Se não acreditamos que gestores possam vencer o mercado, a melhor alternativa de investimentos é economizar com a taxa de administração e desempenho cobrada e ir para a estratégia passiva de investimentos (comprar índices como o Ibovespa, em vez de ações específicas, por exemplo).

Ainda assim, importantes tomadas de decisão vêm à tona. Por exemplo: Qual é a maneira mais eficiente de alocar meus recursos? Quanto devo colocar em **renda fixa**? Quanto aplico em imóveis? Qual é o montante que devo investir em Bolsa? É necessário refletir sobre essas e outras questões.

Usar a **capitalização de mercado** como peso para alocação de capital, ou seja, basear-se na disponibilidade de ativos para alocar a poupança não parece uma estratégia a ser seguida de modo universal. Afinal, não é porque a China cresceu que se faz necessário ter uma alocação de dinheiro maior em ativos chineses, até porque o retorno no passado não implica necessariamente retorno futuro. Existem outras considerações mais importantes para decidir como alocar a poupança de um indivíduo, como a moeda na qual serão efetuados os seus principais gastos no futuro. Por exemplo, suponha que você more no Brasil, mas queira se aposentar em Portugal. Faria sentido alocar todo o seu dinheiro em reais ou em renminbi (moeda oficial chinesa)? Talvez o risco retorno não compense. Por isso, não parece ser estratégia ótima alocar a poupança pela capitalização do mercado independente de planos individuais. Nesse sentido, não se pode prescindir de uma análise econômica financeira para alocar seu capital.

WARREN BUFFETT, *VALUE INVESTING*[1] E A DISCIPLINA DO LONGO PRAZO

Grande parte das empresas de investimento baseia-se na tese de que pesquisar minuciosamente informações sobre ativos investidos e escolher posições estratégicas produzem retornos maiores que: (i) escolher aleatoriamente as ações que investirá ou (ii) índices comuns, como S&P 500.

Value investing é a arte de avaliar ativos com preços muito abaixo de seu valor intrínseco. Os ativos são avaliados de acordo com as premissas empresariais. Enquanto os *value investors* procuram anomalias de mercado, como comprar um ativo com preço muito inferior ao que vale, a teoria da HME enfatiza que os ativos são precificados corretamente e que essa oportunidade não existe. Essencialmente, a prática do *value investing* é inconsistente com a HME.

---

[1] A expressão *value investing* foi desenvolvida nos anos 1920 na Universidade de Columbia Business School pelos professores Benjamin Graham e David Dodd, coautores do texto clássico "Security Analysis", de 1934. São reconhecidos como pioneiros no campo.

Warren Buffett (1930-), um dos homens no topo da lista dos mais ricos do mundo por bastante tempo, coloca o *value investing* em outro patamar. Ele fez fortuna com investimentos de longo prazo comprando partes de empresas que têm grande potencial de produzir bons lucros. É o exemplo vivo de como o *value investing* pode dar certo. É difícil uma construção lógica desconstruir um exemplo tão proeminente.

Buffett avalia suas empresas analisando minuciosamente o desempenho do retorno sobre capital próprio (ROE), a alavancagem, o perfil da dívida, a margem de lucro, a oportunidade de crescimento futuro, as *commodities* das quais a companhia depende, entre outras premissas.

Avaliando balanços e históricos empresariais, Warren Buffet é hoje um dos indivíduos mais ricos do mundo. Em 2019, sua fortuna estava estimada em quase noventa bilhões de dólares. Podemos dizer que essa fortuna foi gerada pelo acaso, que Buffet é uma espécie de exceção que confirma a regra.

Mas se Malkiel está certo, como explicar os Buffetts e Stuhlbergers? Seriam a exceção que confirmam a regra?

A definição fraca: preços e retornos passados são irrelevantes para retornos futuros dos ativos

De acordo com essa definição da HME, estudar preços passados e todo o histórico de um ativo não é relevante para a previsão de retornos futuros. Isso significa que a análise gráfica (baseada em desempenho do ativo no passado) é irrelevante, porque novas informações são as únicas variáveis que afetam preço.

As discussões sobre preços de ativos, inclusive os financeiros, em geral envolvem "preços referência". Para ilustrar, vamos imaginar que um indivíduo tenha comprado uma casa por um milhão de reais. Mesmo que haja uma grande recessão, dilapidando o valor da casa, é difícil convencê-lo a vender seu ativo por um valor menor que esse no futuro. No entendimento dele, o valor a receber é, em geral, no mínimo o valor que foi pago.

Outro exemplo comum é o valor da taxa de câmbio. Nós, brasileiros, vivemos a emoção de ver o preço do dólar americano subir de aproximadamente R$ 3,00 em 2018 para R$ 5,60 em 2020. Quando pensamos na taxa de câmbio, temos um "valor psicológico" de quanto deve custar o dólar. Se as pessoas estão acostumadas a pagar R$ 3,00 por um dólar americano e, de repente, se veem pagando R$ 5,00, uma reação natural é diminuir a demanda, ou mesmo trazer os dólares de contas no exterior e comprar reais. Esse mecanismo traduz-se no exercício de o preço pago no passado influenciar o preço praticado no futuro.

Analistas de gráfico (grafistas) no mercado financeiro enxergam essas barreiras psicológicas como resistências para cima (tetos) ou para baixo (pisos). Esses profissionais também observam tendências e costumam avaliar que essas continuarão em marcha, de maneira que ativos com preços em queda tendem a continuar caindo, e ativos com preços em alta tendem a continuar subindo.

Há muitas outras figuras clássicas para os grafistas e que contribuem para essa técnica de análise de tendência e de preços futuros, tais como ombro-cabeça-ombro, a qual indica suposto comportamento para os ativos.

É importante ressaltar que nada do que foi citado importa se a definição fraca da HME for verdadeira.

COMO A HME É VISTA NA ACADEMIA?

Se a hipótese forte da HME é válida, então a semiforte e a fraca também são. Em geral, a hipótese forte é considerada exagerada, porque há incompletude do mercado de capitais, ou seja, há limites para tomar dinheiro emprestado; portanto, é difícil que as informações privadas sejam refletidas perfeitamente nos preços.

Aqueles que creem na eficiência de mercado estão convictos de que a hipótese semiforte (segundo a qual as informações públicas estão refletidas no preço) é válida.

Já a hipótese fraca, em muitos círculos acadêmicos, é considerada óbvia. Os integrantes desses círculos veem os que acreditam em análise gráfica como crentes em magia e superstição. Isso porque esse tipo de análise considera apenas os movimentos gráficos de subida e descida das ações, as oscilações, sem avaliar os números da empresa, o mercado em que está inserida, a saúde econômica e governamental, a concorrência e outros fatores estratégicos e operacionais.

Hipótese fraca → Preços e retornos passados são irrelevantes.

Hipótese semiforte → Toda informação pública disponível é irrelevante.

Hipótese forte → Toda informação pública e privada são irrelevantes.

Outras definições importantes
Passeio aleatório

O conceito de passeio aleatório, explicado no boxe a seguir, ilustra a Hipótese dos Mercados Eficientes.

> **O QUE É PASSEIO ALEATÓRIO?**
>
> Imagine que eu tenha cem reais. Suponha que eu e você estejamos testando, na prática, o que é passeio aleatório. Eu digo: "Jogue uma moeda. Se der cara, eu lhe pago um real; se der coroa, você me paga um real." Então, você joga a moeda e sai cara. Agora, eu passo a ter R$ 99,00. Eu digo novamente: "Vamos jogar outra vez!" Você joga e sai cara de novo. Agora, eu tenho R$ 98,00. Eu pergunto: "Na próxima

rodada, vai dar cara ou coroa?" A resposta é: "Não sei qual será o resultado da próxima rodada, porque a probabilidade de sair cara ou coroa é a mesma (50% de cada uma) e independe do resultado das últimas duas jogadas."

O jogo descrito é um **passeio aleatório**, definido como uma sucessão de passos independentes dos passos anteriores. O resultado de cada jogo é uma <u>variável aleatória independente</u>, e a sequência dos jogos (das variáveis aleatórias) é um <u>processo estocástico</u>.

Da mesma forma, podemos pensar nos preços de ativos como gerados por um passeio aleatório, de maneira que a probabilidade de esse preço cair ou subir amanhã independe do que aconteceu com o preço hoje.

E o que isso tudo tem a ver com a HME? Em 1968, Eugene Francis Fama (1939-), Prêmio Nobel em Economia em 2013, argumentou, em seu artigo no *Financial Analysts Journal* intitulado "Random Walks in Stock Market Prices", que "a teoria do passeio aleatório aplicada ao mercado de ações apresenta grandes desafios para aqueles que são defensores da análise fundamentalista e análise gráfica". Para o economista, uma vez que o modelo de passeio aleatório é aceito como representação da realidade, o trabalho de um analista gráfico passa a se assemelhar ao de um astrólogo, ou seja, sem nenhum valor para o mercado de ações. À época, ele argumentava que as evidências empíricas demonstravam fortemente que o modelo era uma verdadeira representação da realidade.

Processo martingal

O jogo de cara ou coroa é um bom exemplo para ilustrar o processo martingal. Imagine que você tenha cem reais e que sua riqueza será determinada nesse jogo. Se der cara, você perde um real; se der coroa, você ganha um real. Se a moeda que você tem em mãos pode, igualmente, dar cara ou coroa, qual riqueza você esperaria ter após o fim do jogo?

Você tem a mesma chance de ganhar um real e de perder um real a cada vez que joga a moeda. Portanto, espera-se que sua riqueza no futuro, olhando de hoje, fique estável.

Esse é um exemplo de um processo martingal, na medida em que a melhor previsão do valor futuro é o valor de hoje. A ausência da previsibilidade é o componente mais importante de um martingal e é exatamente o que faz dele um modelo relevante para representar a HME, uma vez que informações passadas não ajudam um indivíduo a prever o futuro dos preços de ativos.

Aleatoriedade dos mercados

Nem sempre fatos aleatórios aparentam ser. Quando criamos uma série de dados a partir de um processo martingal, é possível que algumas das sequências criadas não aparentem ser aleatórias. Processos martingais podem ter como resultados padrões e tendências por um período.

Por exemplo, imagine que dez mil pessoas têm moedas justas (não viciadas, iguais) e estão jogando cara ou coroa. Na primeira rodada desse jogo, é esperado que aproximadamente metade, ou seja, cinco mil pessoas tirem cara e a outra metade tire coroa.

Na segunda rodada, teremos quatro grupos de pessoas divididas igualmente, isto é, aproximadamente 2.500 pessoas terão tirado cara duas vezes e outras 2.500 terão tirado coroa duas vezes. Das cinco mil restantes, metade tirou cara e, depois, coroa, e a outra metade tirou coroa e, depois, cara.

Agora, imagine que esse grupo jogou esse mesmo jogo oito vezes. Das dez mil pessoas, é esperado que 39 pessoas tenham conseguido tirar cara e outras 39, coroa, em sequência, oito vezes. É possível concluir que essa evidência mostra que essas 78 pessoas têm ciência do jogo cara ou coroa porque conseguem acertar consecutivamente o mesmo resultado? Não. Esse é um exemplo claro de tendência e padrão aparente em um processo verdadeiramente aleatório.

Fica o questionamento: os mercados seguem o padrão de passeio aleatório? Esse é exatamente o ponto usado por Burton Malkiel para alegar que se um ou outro gestor acertar e ganhar dinheiro no mercado financeiro, não significa que o mercado deixará de ser eficiente. Pense que uma moeda jogada para cima oito vezes pode ser equivalente a um gestor superar o Ibovespa oito anos consecutivos. É esperado que 0,39% dos gestores faça isso e que 3,5% dos gestores superem o índice sete de oito anos.[2]

---

2   Em um jogo de cara ou coroa, há 0,39% de chance de sair cara oito vezes consecutivas e 3,5% de chance de sair cara sete das oito vezes que uma moeda é lançada. A mesma lógica pode ser aplicada à chance de um gestor superar o Ibovespa.

▶ NA PRÁTICA

1. O que é *value investing*? Como esse conceito se relaciona com a HME?
2. Se um gestor ganha do mercado em alguns anos consecutivos, isso significa que os mercados não são eficientes? Explique.
3. O que é um martingal? O que ele ajuda a explicar?
4. Explique, à luz da HME, os seguintes acontecimentos mundiais:
    a. A bolha das empresas pontocom em 2001.
    b. O crescimento dos *hedge funds*.
    c. A grande recessão de 2008 após a quebra dos Lehman Brothers.
    d. O crescimento dos Fundos Negociados em Bolsa (Exchange Traded Funds – ETFs).

2. OS MODELOS DE MERCADO

Segundo a Hipótese dos Mercados Eficientes, ninguém é capaz de prever o retorno esperado de ações para além da simples ideia de que o risco cria retorno. De acordo com a HME, toda informação existente já está no preço. Considerando isso, não há estratégia de arbitragem que permita retornos futuros elevados, pois esses só serão obtidos tomando altos riscos.

Neste capítulo, estudaremos os modelos de mercado mais famosos e tradicionais. Começaremos com o modelo de Markowitz, dos anos 1950, que rendeu ao autor Prêmio Nobel vinculando risco a retorno. Em seguida, abordaremos o modelo CAPM (Capital Asset Pricing Model, ou modelo de precificação de ativos financeiros), uma versão de equilíbrio geral do modelo de Markowitz construída nos anos 1960.

O MODELO DE MARKOWITZ

O economista norte-americano Harry Markowitz (1927-) preocupou-se em analisar o **portfólio de ativos**. Seu modelo é marcado pelas seguintes hipóteses:

- cada ativo tem distribuição normal de retornos (conforme Figura 1) e, portanto, pode ser analisado de forma suficiente por meio das médias e das **variâncias** de seus retornos;

- um portfólio de ações tem média e variância de retorno que são uma combinação de todas as médias e todas as variâncias das ações que o compõem; portanto, o portifólio pode ser considerado um ativo por si só;
- todos os investidores preferem um portfólio com média de retornos alta, mas são avessos a risco e, por isso, não gostam de variância alta;
- todos os investidores têm acesso a informações idênticas sobre média e variância de ativos.

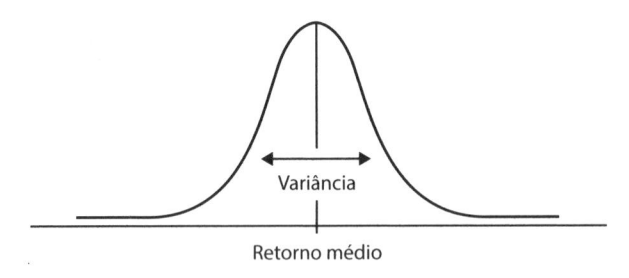

Figura 1. Distribuição normal de retornos.

Assumindo a normalidade da distribuição de retornos, Markowitz foi capaz de determinar um portfólio ótimo para qualquer investidor avesso a risco. Se, em um portfólio, existe pelo menos um ativo com **variância igual a zero**, o investidor vai sempre escolher uma combinação das seguintes alternativas:

- o ativo com variância igual a zero (um ativo livre de risco);
- ou um portfólio de ativos que contenha ativos arriscados, isto é, ativos com variância diferente de zero.

Markowitz explica que todos os investidores avessos a risco, mas com alguma tolerância ao risco, deveriam comprar uma combinação idêntica de ativos livres de risco e um portfólio de ativos arriscados. Esse seria o **Portfólio Eficiente (E)**, que também pode ser chamado de **estratégia de diversificação**.

Nesse modelo, o Portfólio Eficiente é um portfólio de ativos arriscados cuja formação é a combinação mais eficiente deles. Ou seja, esse tipo de portfólio é a maneira mais eficiente para uma investidora comprar ativos arriscados independentemente de sua aptidão ao risco, porque ele apresenta a melhor estratégia de diversificação de ativos e um portfólio diversificado, que maximiza retorno e minimiza riscos (conforme Figura 2).

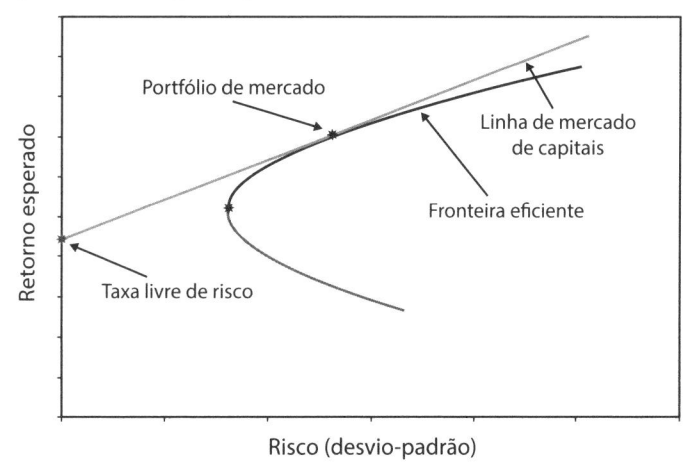

Figura 2. Fronteira eficiente.

Em suma, o modelo de Markowitz conclui que se você, como investidor, gosta mais de risco do que eu, nós dois deveríamos ter o Portfólio Eficiente de ativos arriscados. Você, nesse exemplo hipotético, compraria mais do *E*, e eu compraria menos; em compensação, eu compraria mais do ativo livre de risco e você, menos.

O MODELO CAPM

O modelo CAPM é uma evolução do modelo de Markowitz. William Sharpe (1934-), John Lintner (1916-1983), Jan Mossin (1936-1987) e Fischer Black (1938-1995) contribuíram para que o CAPM fosse uma versão do equilíbrio geral do modelo de Markowitz, em que um grande número de investidores escolhe ativos normalmente distribuídos e conhece as médias e as variâncias de seus retornos.

O equilíbrio ocorre quando a quantidade total de ativos comprada é igual à quantidade de ativos vendida, o que significa que investidores estão satisfeitos com seus portfólios, dadas suas restrições orçamentárias.

A **diversificação** é o principal motor do resultado desse modelo. O portfólio de mercado M representa a diversificação mais completa de ativos possível. Imagine que o portfólio é dado pela soma de todos os ativos, ponderados por sua participação na capitalização do mercado como um todo no mundo. No modelo CAPM, em equilíbrio, ativos com mais relação com o mercado devem entregar retornos maiores, porque contribuem menos para a diversificação (redução do risco) do portfólio.

A equação de equilíbrio do CAPM é largamente reconhecida por gestores do mundo inteiro, que expressam suas decisões com base nela:

$$E[Ri] = Rf + \beta i \cdot (E[Rm] - Rf)$$

Sendo:

- Rm o retorno do portfólio de mercado (M). Em estudos empíricos, costuma-se aproximar essa variável pelo retorno de um

índice muito abrangente, como o **MSCI World** e o S&P 500, ou o Ibovespa, quando o estudo se limita ao Brasil.
- *Rf* o retorno do ativo livre de risco. No caso do Brasil, poderia ser a taxa de **depósito interbancário CDI**; nos Estados Unidos, poderia ser uma **T-Bill**.
- *E[Rm]* o retorno futuro esperado do portfólio *M*. Retorno esperado é a média esperada dos retornos nos diferentes cenários possíveis.

Se *M* comporta todas as ações com valor positivo existentes, usando a **capitalização de mercado**, podemos saber qual é o peso de cada uma das ações no portfólio.

> Capitalização de mercado = quantidade de ações de uma empresa × preço da ação

Agora, vamos para a próxima componente importante desta equação:

$$\beta i$$

No começo deste tópico, dissemos que o retorno esperado de um ativo é maior ou menor de acordo com o grau da sua relação com o mercado. O βi representa exatamente essa afirmação.

$$\beta i = \frac{Cov(i, M)}{Var(M)}$$

Sendo:

- *Cov(i, M)* a covariância do retorno do ativo (*i*) e do retorno do mercado (*M*).
- *Var(M)* a variância do retorno de mercado.

Na equação, o βi representa a relação entre retorno da ação (*i*) e o retorno do portfólio (*M*). Vamos fazer algumas análises sobre *Ri* e βi:

- Se *Ri* for **igual** ao Rm, βi = +1;
- Se *Ri* for **oposto** ao Rm, βi = −1;
- Se os retornos de *i* e *m* **não são relacionados** de maneira alguma, βi = 0 (isso significa que a ação é independente e não há correlação com o mercado);
- Se $\beta i > 1$, então o ativo *i* sobe mais rapidamente que o mercado e também cai mais rapidamente. As ações das Bolsas de Valores (por exemplo, B3, London Stock Exchange, NYSE) são um bom exemplo de empresas que sobem mais rapidamente que o mercado na alta. Isso ocorre porque os volumes transacionados sobem muito quando o mercado está em alta e despencam em meio ao pânico das crises. Empresas cíclicas, em geral, enquadram-se nessa categoria;
- Se $\beta i < 0$, então o ativo *i* sobe quando o mercado cai, e vice-versa. Ouro é um bom exemplo de $\beta i < 0$, pois geralmente sobe quando o mercado está em crise.

A máxima do CAPM é que quanto maior for o β, maior será o retorno esperado. A maioria das ações no mercado, hoje, tem β entre 0.5 e 1.5. Empresas com o β mais próximo de 0.5 são consideradas menos arriscadas. As empresas de serviços públicos, como distribuidoras de energia elétrica e saneamento, são exemplos de ativos com β mais próximo de 0.5.

Uma consideração importante é que a volatilidade da ação é irrelevante para esse modelo. Isso significa que, mesmo que a ação tenha grandes flutuações – e, portanto, seja considerada arriscada por essa métrica –, esse tipo de risco não deveria afetar o retorno esperado no CAPM. Ou seja, o risco de uma única ação depende de como ela influencia o comportamento do portfólio, e não como ela se comporta por si só. O β é o que determina o risco de uma única ação, não a volatilidade.

Em resumo, no modelo CAPM, assim como no modelo de Markowitz, todo investidor terá um portfólio que consiste em: ativo livre de risco e participações em M. A diferença é que o retorno esperado individual de cada ativo depende de variáveis distintas em cada um dos modelos: no modelo de Markowitz, depende da volatilidade; no CAPM, do β.

CAPM, a teoria aceita no mercado

Até hoje o modelo CAPM é bastante utilizado no dia a dia no mercado financeiro, principalmente como jargão, apesar de sua baixa capacidade de explicar os fatos. Esse modelo domina como teoria das finanças modernas. Metodologias e jargões de mercado giram em torno dos componentes de sua equação de equilíbrio. O β é largamente utilizado para definir alocações e medir perfil de risco das ações.

Entretanto, não há evidência empírica de que o β tenha um alto <u>poder preditivo</u> do retorno esperado de uma ação. Logo, como modelo de mercado preciso, o CAPM deixa muito a desejar.

Em 1992, Fama e French publicaram um artigo ("The Cross-Section of Expected Stock Returns") no qual mostraram que o preço de mercado sobre valor contábil é uma métrica mais importante para prever retornos do que o β. Segundo os autores, o β aparenta não estar relacionado com retornos esperados de ativos.

Nos próximos capítulos, conheceremos mais modelos de mercado e debateremos suas formas, limites e aplicações.

▶ NA PRÁTICA

1. Indique qual métrica de risco é importante para determinar retornos em cada um dos modelos:
   a. Markowitz.
   b. CAPM.
2. Qual é a aplicação prática do modelo CAPM?
3. Empiricamente, qual variável tem poder preditivo para explicar o retorno das ações?
4. Qual hipótese permite ao modelo de Markowitz simplificar a distribuição dos ativos para defini-los com apenas dois parâmetros?

3. QUANDO A LEI DO PREÇO ÚNICO FUNCIONA? ▶

Em 1923, Edwin Lefèvre (1871-1943) escreveu um clássico da literatura sobre lendas do mercado: *Reminiscences of a Stock Operator*. A trama descreve as estratégias de mercado de um operador baseadas em emoções e comportamentos humanos – que, de acordo com o protagonista do livro, são determinantes importantes para a formação de preços. Essa é uma prova documental de que finanças comportamentais fazem parte do folclore de **Wall Street** há quase cem anos.

Um pai muito mais antigo para a visão comportamentalista é o próprio Adam Smith (1723-1790), que, antes da renomada *A riqueza das nações*, de 1776, publicou a *Teoria dos sentimentos morais*, em 1759. Nessa obra, Smith sugere que o ser humano guiaria suas ações, em grande medida, pela percepção e opinião dos outros. Esse tipo de comportamento origina o chamado **efeito manada**, ou **profecia autorrealizável**, documentado em ocasiões importantes nos mercados financeiros.

O conjunto de crenças universais de Wall Street aproxima-se mais da literatura comportamentalista e pouco da literatura ortodoxa de finanças, que acredita na eficiência da HME. Estas são duas principais crenças nas mesas de negociação do mundo:

- Momento – Se todos estão comprando e o preço está subindo, ele tende a continuar subindo; portanto, entre no barco e surfe a onda.
- **Reversão à média** – Se o preço subiu muito, parecendo estar demasiadamente esticado, e não se consegue enxergar quem ainda não entrou no negócio, pule fora, porque a tendência deverá se inverter e o preço deverá cair.

Embora essas estratégias sejam usadas há muito tempo por operadores de mercado (*traders*) mundo afora – havendo, portanto, evidência desse fenômeno nos preços –, foi apenas nos anos 1990 que economistas acadêmicos começaram a pesquisar evidências empíricas dessas hipóteses. Oitenta anos antes, investidores já assumiam que o mercado era previsível. O estudo das finanças comportamentais é uma decorrência natural que testa as hipóteses utilizadas por profissionais práticos de mercado há décadas.

É importante notar que o fato de esses profissionais acreditarem que a HME não funciona e que há distorções a serem exploradas implica conflito de interesses relevante. Se a indústria financeira tem interesse em ser remunerada para gerir dinheiro, a HME precisa ser falsa. Independentemente dos conflitos, vamos estudar alguns conceitos básicos de finanças para nos aprofundar no tema.

LEI DO PREÇO ÚNICO

Conhecida por todos os estudantes de economia, a lei do preço único afirma que ativos idênticos devem ter o mesmo preço; caso contrário, há oportunidade de arbitragem.

Imagine dois sapatos idênticos. Se um for mais barato que o outro, consumidores vão comprá-lo pelo preço mais barato e revendê-lo pelo preço mais caro praticado. Tal situação, no limite, fará o preço das duas peças convergir para o mesmo patamar.

Agora, imagine que uma fábrica no Brasil chamada Libe produza sapatos completamente idênticos, mas resolva nomeá-los de maneiras diferentes: um chama-se "sapato plataforma" e o outro, *flatform*. A distinção no nome faz os consumidores os enxergarem como produtos verdadeiramente diferentes, o que permite que esses itens, fisicamente idênticos, tenham preços distintos. A questão que fica é: nesse caso, como esses ativos podem ter preços diferentes?

Para responder a essa pergunta, é preciso conhecer outro conceito, o de fungibilidade.

FUNGIBILIDADE

Fungibilidade é a capacidade de converter um ativo em outro, como o sapato plataforma em *flatform*. Se a fábrica Libe pudesse converter plataforma em *flatform* a custo zero, estaríamos diante de um caso de fungibilidade. Se, por exemplo, a *flatform* possuir uma etiqueta que a diferencie, essa possibilidade deixa de existir.

O que é necessário extrair dessa análise é que **sempre que há fungibilidade, a arbitragem prevalece e a lei do preço único é válida**.

No boxe a seguir, discutiremos o caso das ações da Royal Dutch e da Shell. Esse estudo de caso mostra que, na ausência de fungibilidade de ativos, há desvios da lei do preço único. E por que isso é importante? Porque desvios da lei do preço único com ativos idênticos confronta diretamente a HME, que, por sua vez, pressupõe que os preços de dois ativos idênticos, mesmo que não fungíveis, deveriam ser iguais. Mas, como veremos, nem sempre o são! Mesmo em mercados desenvolvidos, com ativos mundialmente conhecidos e produtores da *commodity* mais importante do planeta.

O MISTERIOSO CASO DAS AÇÕES DA ROYAL DUTCH E DA SHELL

Quando duas empresas com exatamente o mesmo fluxo de caixa têm nomes e/ou nacionalidades diferentes e quando não há controle de capitais entre fronteiras, seria natural esperar que possuíssem o mesmo preço. Ao olharmos de perto o caso da Royal Dutch e da Shell, essa hipótese pode ser contestada.

As duas companhias funcionavam em um sistema de dupla listagem: na prática, eram como uma empresa única operando um ativo único e consolidado, com duas estruturas corporativas distintas – uma listada na Holanda, com direito a 60% dos ativos, e a outra listada na Inglaterra, com 40% dos direitos ao ativo. Seus ativos são idênticos nas devidas proporções e, portanto, o preço da Royal Dutch deveria ser 1,5 vez o preço da Shell. Mas, em geral, isso não aconteceu.

Royal Dutch	Shell
Incorporada na Holanda.	Incorporada na Inglaterra.
Operada principalmente na Holanda e nos Estados Unidos.	Operada principalmente no Reino Unido.
Com 60% dos direitos e deveres da empresa.	Detém 40% da empresa.

Veja, no gráfico a seguir, o desvio de preços entre Royal Dutch e Shell em mais de vinte anos. A lei do preço único falhou dramaticamente. Em 2004, a fusão das duas companhias foi completada, e o ativo passou a ter uma listagem única.

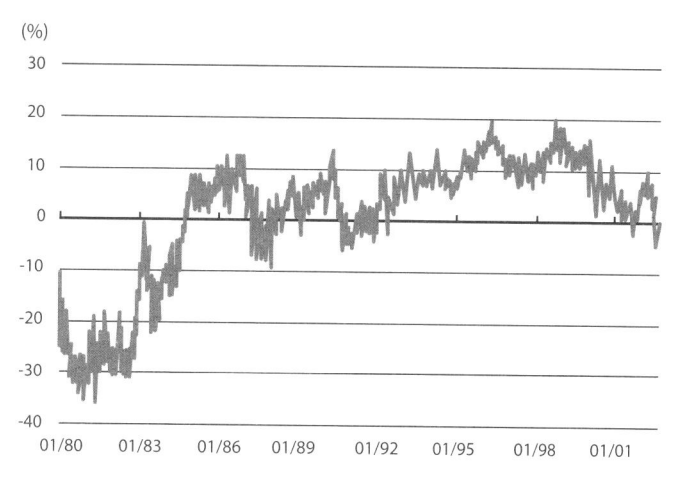

Figura 3. Desvio dos preços relativos das
ações entre Royal Dutch e Shell.

Fonte: "la Caixa" Research, based on data from
"*The Risk and Return of Arbitrage in Dual-Listed Companie?*".

OPERADORES DE BARULHO

Na literatura financeira tradicional, o investidor é considerado um indivíduo racional. Isso significa que essa pessoa somente vai operar com base em informações verdadeiras, relevantes para os fundamentos de uma empresa e que se relacionam com seu valor intrínseco.

Fischer Black (1938-1995), em seu pronunciamento presidencial à Associação Americana de Finanças em 1986, reconheceu haver outro tipo de investidor, o "operador de barulho". Black definiu essa pessoa como alguém que opera utilizando o barulho (notícia midiática, por exemplo), como se fosse informação relevante para os fundamentos de uma empresa.

Para Black, barulho é o que torna os mercados de ativos possíveis e imperfeitos. Isto é, quanto mais operadores de barulho houver no mercado, melhor para os operadores informados trabalharem. Fischer

Black acreditava que os investidores informados são os que ganham dinheiro em longo prazo.

O operador de barulho é alguém que compra um ativo por preços "incorretos". No exemplo dos sapatos, ele seria capaz de pagar preços diferentes pelos dois sapatos, apesar de serem idênticos.

Para Black, esses operadores não usavam a informação para comprar. Hoje, pensamos neles como pessoas que compram a preços descolados dos fundamentos, não necessariamente por ausência de informação, mas porque acreditam estar "surfando uma onda" que, por mais que não seja embasada por fundamentos, pode durar muito mais tempo que o previsto pelos **arbitradores racionais**.

Os operadores de barulho são os responsáveis por violar a HME. Sem eles, não é possível ter, em equilíbrio, ativos idênticos não fungíveis a preços diferentes.

Vamos organizar o pensamento com um modelo para pensar com clareza. Imagine a economia com dois ativos financeiros:

- ativo seguro (s);
- ativo inseguro (i).

Assuma que a economia tenha um único bem de consumo. Suponha que s é sempre conversível entre o bem de consumo e o ativo seguro, ou seja:

- o preço de s é sempre 1 em relação ao bem de consumo;
- independentemente de qualquer evento, s tem o preço fixo em 1, por isso é chamado de ativo seguro.

E por que i é um ativo inseguro? Como i não é conversível em bem de consumo, seu preço não é fixo, isto é, pode variar. Além disso, i pode ser comprado no mercado aberto, a preços de mercado.

Agora, imagine que ambos os ativos (*s* e *i*) paguem o mesmo **dividendo** (*d*). Sobre *d* sabemos que:

- é constante durante todo o período;
- é pago com certeza absoluta, sem risco.

Essas premissas têm como consequência que nem *s* nem *i* possuem risco de fundamentos. Isso significa que se alguém lhe desse dez unidades de *s* e você nunca as vendesse, você teria o mesmo fluxo de caixa que se possuísse dez unidades de *i*.

Mas que diferença faz a fungibilidade? Se você não conseguir vender o ativo inseguro no mercado aberto, o que vai comer em um período de vacas magras? Mesmo que o fluxo de caixa seja igual para ambos os ativos, a falta de fungibilidade pode levar a preços diferentes pelo risco de mercado.

A lei do preço único e os operadores de barulho

Agora que estabelecemos os conceitos, o que dizer sobre a HME, lei do preço único e operadores de barulho?

Discutimos o caso da Royal Dutch e Shell, empresas que detêm ativos idênticos, porém não fungíveis, e percebemos que a HME é confrontada porque a lei do preço único não se aplica. Nesse caso, os preços no mercado estariam "incorretos", isto é, são preços que não deveriam ser praticados pelos investidores racionais e informados. Mas se os ativos estão com preços "incorretos", alguém precisa estar comprando e alguém precisa estar vendendo... Foi por distorções como essa que os acadêmicos de finanças começaram a olhar para conceitos que explicassem desvios da HME, como os operadores de barulho no discurso de Fischer Black.

Os argumentos de Friedman e Fama

Para Milton Friedman (1912-2006), o argumento da eficiência do mercado (os preços serem eficientes na presença dos operadores de barulho) baseia-se em duas possibilidades:

- se <u>especuladores</u>, os operadores de barulho são realmente aleatórios, então seus efeitos se cancelarão. É a <u>Lei dos grandes números</u> em ação;
- se os operadores de barulho são sistemáticos, então arbitradores vão operar contra eles e lhes tirar todo o dinheiro.

Eugene Fama, em sua defesa da HME em 1970, articula o argumento de que, em um cenário de equilíbrio, os operadores de barulho não distorcem o mercado, porque, para cada investidor disposto a pagar mais pelo *flatform* que pelo sapato plataforma, há o mesmo número de investidores dispostos a pagar um valor mais alto pelo sapato plataforma para poder ganhar dinheiro em cima dos operadores de barulho. A conclusão é que os arbitradores racionais levariam os operadores de barulho à falência em equilíbrio.

▶ NA PRÁTICA

❶ Defina os seguintes conceitos:
  a. Lei do preço único.
  b. Fungibilidade.
  c. Operadores de barulho.

❷ Dê um exemplo de ativos iguais e não fungíveis com preços diferentes.

❸ Por que Friedman considerou que os operadores de barulho não impactariam preços?

4. O MODELO DE SHLEIFER

Em sua obra *A teoria geral do emprego, do juro e da moeda* (1936), John Maynard Keynes (1883-1946) descrevia como poderia ser difícil a vida dos arbitradores que operam no mercado financeiro baseados em expectativas racionais de longo prazo:

> [...] **there must surely be large profits to be gained** [...] in the long run by a skilled individual who [...] to purchase investments **on the** best genuine **long-term expectation** he can frame [...]. But we must also add that there are **several factors which jeopardize the predominance of such individuals in modern investment markets**. Investment based on genuine long-term expectation is so difficult [...] as to be scarcely practible. **He who attempts it must surely [...] run greater risks than he who tries to guess better than the crowd how the crowd will behave** [...].[3]

---

3   [...] certamente há grandes lucros a ser obtidos [...] em longo prazo por um indivíduo habilidoso que [...] faça investimentos na melhor expectativa genuína de longo prazo que ele possa conceber [...]. Mas é preciso salientar que existem inúmeros fatores que comprometem a predominância de tais indivíduos em mercados de investimento modernos. O investimento baseado em expectativa genuína de longo prazo é tão difícil [...] como dificilmente praticável. Aquele que tenta certamente [...] corre mais riscos que aquele que tenta adivinhar melhor que a multidão como a multidão se comportará [...]. (Tradução livre.)

Os limites da arbitragem são um velho conhecido dos economistas, pois arbitradores são pessoas avessas ao risco e com algum grau de impaciência. Como resultado, sua disposição em tomar posições contrárias aos especuladores é limitada, mesmo que as posições tenham suporte dos fundamentos econômicos (como o balanço das empresas e sua capacidade de gerar caixa), que são sempre dinâmicos. Afinal, uma das fontes de incerteza que limita o poder da arbitragem é o **risco fundamental**, isto é, o risco de que os fundamentos de um ativo mudem por causa do dinamismo das variáveis.

Stephen Figlewski (1979) mostrou que pode levar tempo para que especuladores percam todo o capital para os arbitradores na presença de risco fundamental. Joseph Campbell e Kyle (1987) confirmam que mesmo que os arbitradores tenham horizonte infinito, o risco fundamental limita a arbitragem. Além disso, há um risco adicional para os arbitradores: é possível que a crença dos especuladores não seja revertida por um bom tempo e que ela se aprofunde!

Se especuladores estão pessimistas com algum ativo e levaram seu preço para baixo, um arbitrador que compre o ativo deve considerar que os operadores de barulho podem levar esse preço ainda mais para baixo no futuro próximo. Se a arbitradora liquidar a posição antes de o preço retornar ao fundamento, ela sofrerá uma perda. O medo dessa perda limita a arbitragem e torna a especulação autorrealizável.

O risco de a crença dos especuladores se aprofundar é o que chamamos de **risco do operador de barulho** (em inglês, *noise trader risk*). Mesmo na ausência de risco fundamental, os preços podem divergir muito dos fundamentos por conta do risco do operador de barulho. Ou seja, mantendo tudo constante, se as crenças dos especuladores se aprofundam, os preços podem ficar muito longe dos fundamentos. Dessa forma, é possível compreender que a arbitragem não elimina os efeitos da especulação, porque a própria existência da especulação cria risco. Esse é o ponto fundamental do modelo de Shleifer.

Especuladores criam risco e, portanto, tornam os ativos em geral menos atraentes para arbitradores avessos ao risco. Se especuladores sobre-estimarem retornos, ou subestimarem risco, eles investirão mais no ativo com risco e podem ganhar retornos mais altos que arbitradores. Especuladores podem enriquecer mais do que arbitradores pelo simples fato de estarem mais dispostos a carregar o risco que eles mesmos criam.

O fato de especuladores poderem subestimar risco e carregar mais risco em geral (inclusive, o fundamental) e, com isso, terminar com retornos superiores, é outro resultado importante do modelo que responde às críticas clássicas dos defensores da HME. Como já vimos, Friedman e Fama afirmaram que especuladores e arbitradores racionais se encontram no mercado, operam juntos e, no processo, levam o preço de ativos para o valor fundamental. Desse modo, especulação não seria desestabilizante. Além disso, os especuladores no curso dessas operações vão perdendo dinheiro e, eventualmente, ficam sem capital, de modo a desaparecer do mercado. Nessas condições, operadores de barulho não poderiam afetar os preços de mercado por tempo relevante.

O modelo de Shleifer também gera outros resultados importantes aderentes aos **fatos estilizados** com extensa documentação na literatura, a saber:

- Excesso de volatilidade – Quando o risco dos especuladores limita a efetividade da arbitragem, os preços no modelo ficam excessivamente voláteis em relação aos fundamentos.
- Reversão à média – Se as opiniões dos especuladores seguem um **processo estacionário**, então existe uma componente de reversão à média no retorno das ações.

- Enigma dos preços das *holdings* e do prêmio das ações – O risco da especulação pode causar o desconto de fundos fechados ou *holdings* e o enigma do prêmio das ações (*equity premium puzzle*).

Uma curiosidade: esse modelo foi publicado em 1990 no *Journal of Political Economy* por De Long, Shleifer, Summers e Waldmann. O modelo acabou se tornando conhecido como modelo de Shleifer por conta do trabalho continuado do economista neste campo. Nele, há dois tipos de jogadores: os arbitradores e os especuladores (operadores de barulho).

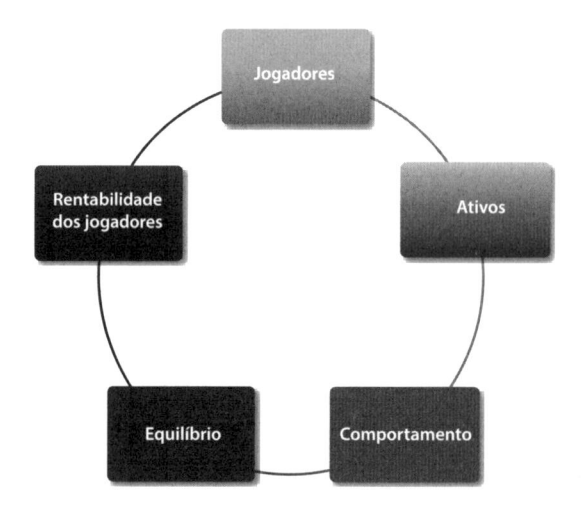

Figura 4. Aspectos importantes do modelo de Shleifer.

O número total de jogadores é o mesmo dos números reais entre zero e 1 – infinitos. Considere que a medida dos operadores de barulho é µ e a dos arbitradores é 1 – µ. Isso significa que a fração de operadores de barulho é µ e todo o resto são arbitradores. "Medida" significa o tamanho de cada intervalo (por exemplo, a medida do intervalo entre 0 e $\frac{1}{2}$ é $\frac{1}{2}$).

Todos os jogadores possuem utilidade esperada conforme a função $U = -e^{-(2\gamma)w}$, em que w é a riqueza e γ é uma constante que mede a aversão ao risco. A Figura 5 exibe o gráfico da utilidade esperada conforme a riqueza do jogador.

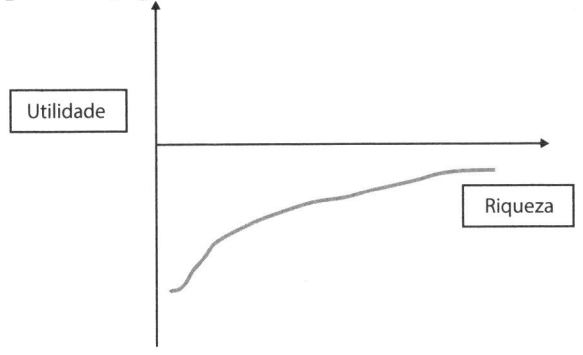

Figura 5. Gráfico da utilidade esperada conforme a riqueza do jogador.

Para contemplar a impaciência dos jogadores, o modelo utiliza a estrutura de gerações superpostas, conhecida na literatura macroeconômica por **OLG** (*overlapping generations*). Nesse modelo, todos os agentes vivem por dois períodos. A Figura 6 ilustra os períodos e os tempos vividos pelos jogadores. O período 1 é ilustrado pela barra cinza-escuro, enquanto o período 2 é representado pela barra cinza-claro.

Considerações:

- nascidos no período 1 compram portfólio de ativos (s, i);
- vivem e consomem no período 2.

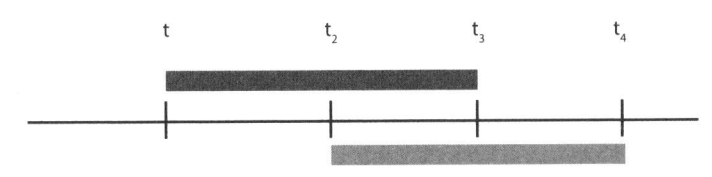

Figura 6. Representação dos períodos e dos tempos vividos pelos jogadores.

Existem dois ativos financeiros no modelo: ativo seguro (s) e ativo inseguro (i). Assuma a existência de um bem único de consumo e suponha que s é sempre conversível em bem de consumo a um preço fixo 1. Independentemente de qualquer situação, seu preço é sempre 1, o que denota um ativo seguro. Já o preço do ativo i é definido no mercado. Tanto s quanto i pagam o mesmo dividendo d em todo o período t, de maneira que, do ponto de vista fundamental, o preço de s e de i deveriam ser igual a 1 em todo o tempo t.

Vamos ao jogo. Arbitradores "corretamente" percebem a distribuição verdadeira do preço da ação em t + 1 → p_{t+1}. Há um erro "sistemático" por parte dos *noise traders* ao estimar o preço futuro, p_{t+1}. Logo, arbitradores enfrentam riscos não relacionados com a distribuição verdadeira de p_{t+1}. Se não existissem *noise traders*, não haveria variância no preço do ativo arriscado. Como existem, o ativo arriscado torna-se realmente um ativo arriscado.

Se p_{t+1} é o preço do ativo arriscado no tempo t + 1, $p_{t+1} \sim N(\rho^*, \sigma^2)$ é a "média percebida" pelos *noise traders* de p_{t+1}. A Figura 7 descreve a diferença das expectativas acerca do preço do ativo inseguro em t + 1 para os arbitradores (linha cinza-escuro) e para os operadores de barulho (linha cinza-claro).

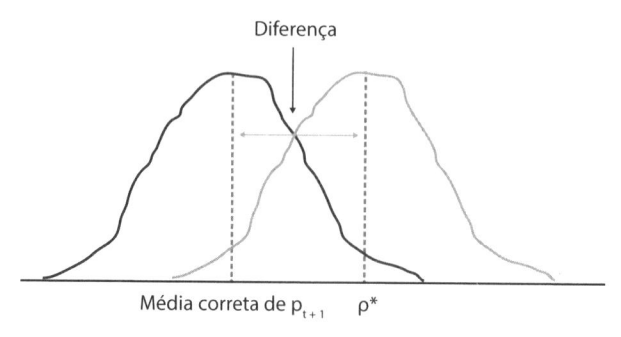

Figura 7. Diferença das expectativas de acordo com o preço do ativo inseguro em t + 1.

O que acontece em equilíbrio não é claro. Algumas forças fazem $p_t > 1$, outras empurram $p_t < 1$, o resultado é indeterminado. Quem lucra mais, arbitradores ou *noise traders*? Depende. É possível que arbiradores lucrem mais. O curioso é que certamente não está claro que os operadores de barulho morrerão de inanição, como propôs Milton Friedman.

Operadores de barulho podem ganhar mais que arbitradores quando são sistematicamente muito otimistas. Isso ocorre porque carregam mais o ativo arriscado que os arbitradores. No entanto, se ρ^* for muito grande, *noise traders* não vão ganhar mais que os arbitradores. Quanto mais avessos ao risco todos são (isto é, quanto maior for o γ na função utilidade), mais amplo é o campo de valores de ρ para os quais os operadores de barulho vão melhor que os arbitradores. Quanto maior aversão ao risco, menos arbitragem, o que é completamente intuitivo.

A equação que caracteriza o equilíbrio tem quatro componentes (termos) e pode ser lida abaixo.

$$p_t = 1 + \frac{\mu(p_t - \rho^*)}{1+r} + \frac{\mu\rho^*}{r} + \frac{(2\gamma)\mu^2\sigma_\rho^2}{r(1+r)^2}$$

A explicação da equação segue a ordem dos termos da esquerda para a direita: (1) preço sem operadores de barulho; (2) captura a flutuação no preço do ativo em decorrência do viés de percepção dos operadores de barulho; (3) pressão de preço pela existência do viés dos especuladores gerando capacidade de carregamento de risco; (4) coração do modelo: investidores sofisticados devem ser compensados por carregar o risco dos operadores de barulho (r é a taxa de desconto).

Em conclusão, o modelo de Shleifer exibe, com lógica, como os mercados podem falhar atribuindo preços diferentes para dois ativos fundamentalmente idênticos. O modelo também mostra em que condições os operadores de barulho lucram com sua atividade, ao mesmo tempo em que explicita por que os arbitradores podem ter dificuldades, mesmo na ausência de risco fundamental. Por fim, demonstra que, conforme o horizonte dos investidores se alonga, a arbitragem fica menos arriscada e os preços convergem para fundamentos.

Esse modelo embasa a observação de Keynes em sua *Teoria geral* de 1936 ao mostrar que para o **dinheiro inteligente** com um horizonte curto de tempo pode ser mais atraente perseguir estratégias de antecipar o movimento de terceiros que aguardar a reversão de expectativas dos operadores de barulho. Ou seja, tratar de finanças em prazo curto é como tentar adivinhar os vencedores de um concurso de beleza: não se trata de achar uma pessoa mais bonita, mas de imaginar quem os outros acharão mais bonita.

APLICAÇÕES DO MODELO DE SHLEIFER NA LITERATURA ECONÔMICA
Desconto de fundos fechados

Fundos fechados e *holdings* são negociados com descontos com relação aos ativos que os compõem. Existem três explicações comuns:

- Custos de agência – quem administra o fundo fechado ou a *holding* pode ter um incentivo diferente daquele do acionista final e, com isso, direcionar recursos para investimentos ruins. Se isso for verdade, fica a dúvida de por que esse tipo de fundo consegue levantar capital. Além disso, não há evidências de que fundos com altos custos de transação são negociados com desconto maior.
- Diferença tributária de ganhos de capital – ainda não há evidência empírica a esse respeito.
- Papel dos *noise traders* (operadores de barulho) – especulam com o ativo e aumentam o risco dele.

Enigma do prêmio do retorno das ações

Rajnish Mehra e Edward Prescott (1985) demonstraram que o retorno médio das ações nos Estados Unidos foi de 8% nos sessenta anos que antecederam o trabalho deles. Mostraram também que o retorno de títulos de renda fixa com prazo curto foi da ordem zero. Esse prêmio de risco que as ações tiveram em relação à renda fixa é inconsistente com um modelo de consumidor representativo, a não ser que esse seja muito mais avesso ao risco do que o comportamento humano sugere. Uma explicação plausível é que a presença de especuladores abaixa o preço médio das ações. Com isso, as ações acabam ofertando um retorno mais elevado.

A presença de *noise traders* é consistente também com o fato de que o consumo não varia muito com o retorno esperado das ações, na medida em que apenas os arbitradores afetam seu consumo, não os *noise traders*.

Finanças corporativas

De acordo com o Teorema de Modigliani-Miller (1958), na ausência de fricções (impostos, custos por insolvência, custos de agência, de informação assimétrica) e na hipótese de existir um mercado eficiente, não importa como as empresas se financiam (seja por dívida, seja por capital acionário): a forma do passivo delas não deve impactar seu valor. A estrutura de capital é irrelevante para preços, inclusive a política de dividendos. Ocorre que, se *noise traders* afetam os preços de ativos no mercado, distanciando-os de fundamentos econômicos, as condições necessárias para usar operações de alavancagem para arbitrar não estão presentes. Nesse ambiente, é possível imaginar que *noise traders* confundam-se mais com ativo de longa duração, que não devolve caixa em prazo curto. Isso pode explicar por que empresas que estão realizando investimentos importantes pagam dividendos. Jensen (1986) mostra evidência de que quanto mais restrita a alocação de fluxo de caixa da empresa, mais alto é seu valor.

Listagem no mercado de capitais

A discussão de risco de especulação levanta a questão da atratividade de ter seus ativos negociados no mercado público. O risco de especulação deprime em expectância o valor tanto das ações quanto da dívida negociada publicamente. No entanto, existem benefícios de ir a público captar:

- maior base de capital para se financiar;
- forma de diversificar o risco específico para o acionista fundador da empresa.

É importante notar que acessar essa base de capital tem risco!

▶ NA PRÁTICA

1. Quem são os jogadores no modelo de Shleifer? Qual é a quantidade de *noise traders*?
2. Existe diferença fundamental entre os ativos seguro e inseguro?
3. Por que os preços dos ativos podem ser diferentes? Como isso confronta a HME?
4. Os *noise traders* podem ganhar dinheiro em longo prazo? Como isso pode ocorrer?
5. Explique duas aplicações do modelo de Shleifer a questões relevantes na literatura econômica.

5. ANÁLISE TÉCNICA E OPERADORES DE BARULHO

O jargão do mundo financeiro não tem nenhuma relação com a Hipótese dos Mercados Eficientes. Quando assistimos a notícias contemporâneas sobre a atividade do mercado financeiro, ouvimos frases que não têm relevância na literatura tradicional de finanças, como:

- O mercado está formando um piso;
- O mercado quebrou a resistência hoje;
- O mercado rompeu o suporte;
- O mercado está bem comportado;
- O mercado está cansado;
- O mercado está *crowded*.

De onde vem esse jargão então?

ANÁLISE TÉCNICA

A forma mais popular de análise técnica é a análise de gráficos de preços das ações. Muitos operadores baseiam suas decisões de compra e venda de ativos no desenho do gráfico formado pelo histórico de preços deles.

Acadêmicos de finanças zombavam dos grafistas, como se acreditassem em vodu e magia negra, porque, a princípio, essa técnica não possuía embasamento científico. Apesar disso, operar gráficos no século XXI virou *mainstream* (teoria dominante). Em 2012, o Market Technicians Association (MTA) tinha 4.500 membros, em 85 países. A associação tem um programa de certificação, o Chartered Market Technician (CMT), com três níveis, assim como o Chartered Financial Analyst (CFA). Grandes quantias de dinheiro de *hedge funds* são investidas em estratégias baseadas em gráficos. A maioria dos membros da National Futures Association (NFA), com 55 mil associados, está envolvida em operação de gráficos. Obviamente, essas práticas vão contra a Hipótese dos Mercados Eficientes. Fato é que elas existem e não vão embora.

O GRAFISTA COMO OPERADOR DE BARULHO

Há dois aspectos intrigantes da análise gráfica dos preços de ações: o primeiro é que essa análise é amplamente utilizada e, portanto, boa parte da negociação é feita por grafistas; o segundo é que usuários da análise gráfica tendem a concordar sobre o que significam os padrões observados, sugerindo que seu comportamento possa ser sistemático e seguir um padrão comum.

Muito recorrente nos padrões de análises gráficas é o fato de que se uma tendência está desenhada em um gráfico, essa tendência se manterá. Se olharmos para o mercado imobiliário e fizermos uma rápida pesquisa de opinião, é muito provável que iremos descobrir que as pessoas acreditam que se o preço dos ativos andou subindo, significa que continuará a subir.

Outra tendência grafista observada é a reversão de preços, esperada quando se observa padrões típicos. A **ilha de preços** é um padrão gráfico que indica que se o preço descola do passado e deixa uma brecha, em algum momento futuro o preço deve voltar para preencher essa brecha. As brechas podem ser observadas quando não há negócios feitos a determinado preço, como é ilustrado na Figura 8, e podem voltar abaixo ou acima do preço anterior.

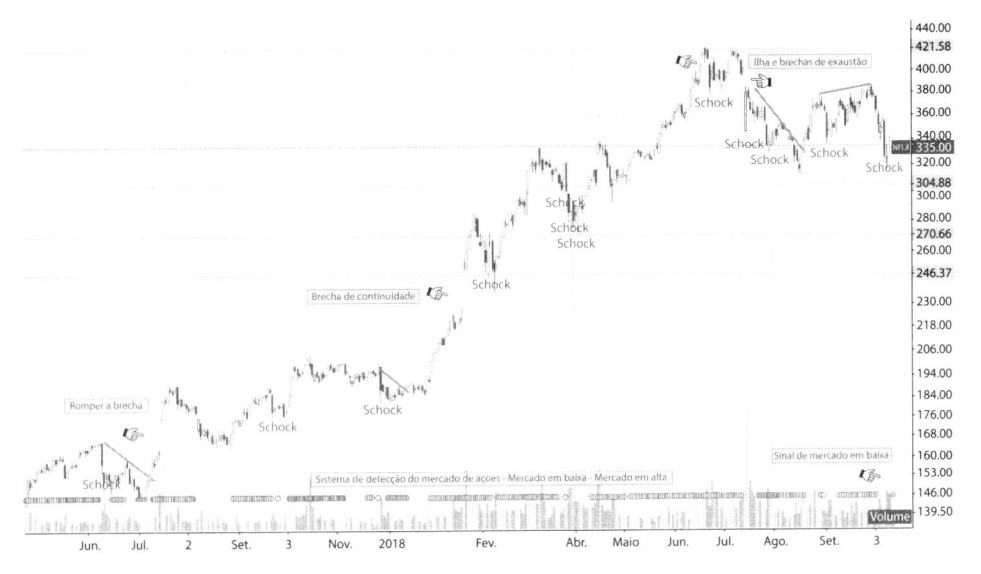

Figura 8. Brechas na ilha de preço.

Fonte: *Coin Market*: Mind the Gap – A lesson on gap analysis using Netflix, October, 2018.

Outro padrão amplamente conhecido é o ombro-cabeça-ombro, que pode ser observado na Figura 9. A análise resume-se ao entendimento de que, se a cabeça do gráfico é para cima, há indicação de queda prospectiva.

Há também o padrão de formação de teto, que indica queda, e de formação de piso, que indica alta prospectiva.

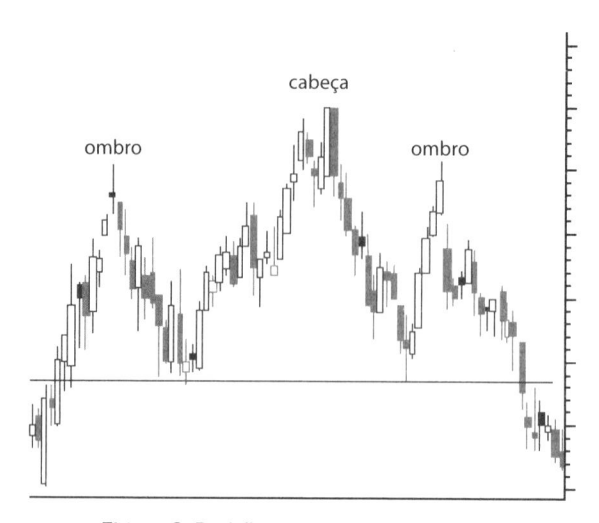

Figura 9. Padrão ombro-cabeça-ombro.

Fonte: Chart by *MetaStock*.

Podemos pensar no operador técnico como um maria vai com as outras neste sentido: se uma grande massa de pessoas está olhando para os mesmos indicadores, o fato de um ativo começar a subir pode criar uma tendência de se investir nesse ativo. Se o mercado funcionar nesse modelo, é fácil imaginar como bolhas podem ser formadas e, por sua vez, como os próprios grafistas podem tornar-se operadores de barulho. É um movimento que se autorreforça.

GRAFISTAS FAMOSOS

Quando pensamos em grafistas, o Jim Cramer (1955-) é, certamente, o primeiro que vem à mente. Advogado formado por Harvard, durante a faculdade já se interessou por desvendar o mundo dos investimentos em ações. Sua carreira pouco linear envolveu alguns anos trabalhando como jornalista e, após sua graduação, acabou entrando no time da Goldman Sachs em 1984.

Saiu da Goldman em 1987 e fundou seu *hedge fund*, que foi sua fonte de renda principal por dez anos. No final dos anos 1990 e começo dos anos 2000, Cramer deixou o *hedge fund* e inaugurou *websites* e programas de rádio para falar sobre investimentos e ações. Foi em 2005 que seu *show* (que vai ao ar até hoje, o Mad Money) tomou forma e Jim Cramer despontou como personalidade.

O programa consiste em mostrar gráficos, tendências e oportunidades, incentivando o público que o escuta e o assiste a investir de acordo com as orientações do apresentador. Milhares de pessoas, incluindo investidores institucionais e pessoas físicas, tomaram e ainda tomam decisões financeiras baseadas nas instruções de Jim Cramer.

Sua popularidade começou a cair após a crise de 2008. Foi no The Daily Show, importante programa da TV norte-americana cujo âncora era Jon Stewart, que Cramer teve a confiança abalada. Stewart parecia determinado a mostrar aos telespectadores que as orientações de Cramer podiam ser barulhos e atrapalhar a capacidade dos *traders* de tomar decisões baseadas em fundamentos.

Em março de 2009, Jon Stewart preparou um programa em que mostrava momentos de Mad Money, como um em que Cramer encorajava, de maneira efusiva, telespectadores a comprar ações da Bear Stearns, dias antes de seu colapso. Cramer defendeu-se dizendo que seu objetivo era entreter pessoas com informações sobre negócios. Stewart finalizou com a frase: "Então, nós talvez pudéssemos excluir a expressão 'especialista financeiro' e o *slogan* 'Em Cramer nós confiamos' e voltar aos relatórios sobre fundamentos".

Em outubro de 2020, Mad Money continuava sendo um programa de sucesso e audiência na CNBC.

No Brasil, a análise gráfica também tem bastante destaque nos círculos de investidores. Não temos uma figura tão icônica quanto Cramer, mas temos pessoas como o Marcio Noronha. Marcio está frequentemente presente em convenções e conferências, trabalhando para mostrar a "supremacia da análise técnica em comparação com análises fundamentalistas". Ele publica constantemente livros e artigos sobre o tema.

▶ NA PRÁTICA

❶ Como a análise técnica e a HME se distinguem?
❷ Quando e como o grafista é considerado operador de barulho?
❸ O investidor grafista é uma exceção, ou se tornou *mainstream*?

6. O EXCESSO DE VOLATILIDADE E A MACROINEFICIÊNCIA

O EXCESSO DE VOLATILIDADE

Nos anos 1970, a literatura econômica já começava a apontar evidência de algumas anomalias inconsistentes com a HME. Apesar do título e de seu histórico posicionamento a favor da HME, o artigo de Fama "Efficient Capital Markets: A Review of Theory Empirical Work" (1970) reportou evidência de <u>correlação serial</u> nos retornos de ações.

Nos anos 1980, entretanto, a principal anomalia foi posta em evidência: o excesso de volatilidade. Se a maior parte da volatilidade dos mercados não pode ser explicada pela HME, isso coloca em xeque toda a teoria. Ninguém consegue explicar por que os preços de ações se alteram tanto diariamente sem haver nenhuma novidade significativa sobre o valor das empresas. O excesso de volatilidade é muito mais sério que uma correlação serial pontual, na medida em que isso não pode ser em razão do aleatório.

Em 2003, Robert Shiller lançou luz sobre a questão do excesso de volatilidade e publicou no *Journal of Economic Perspectives* o artigo "From Efficient Markets Theory to Behavioral Finance". Vamos entender mais a fundo o que o autor pretendia demonstrar.

No artigo, Shiller define P_t como o preço da ação no período t. Ele argumenta que, se o mercado é eficiente, então P_t deve ser igual à <u>expectância matemática</u> do valor presente dos dividendos futuros definidos aqui como P_t^*. Deve também ser condicional a toda informação conhecida no período t. P_t^* não é conhecido em t e precisa ser projetado; logo, temos que $P_t = E_t P_t^*$.

Para prever P_t^* (isto é, os dividendos futuros), vamos utilizar uma variável independente que denotará um erro de previsão, conhecido como U_t. Podemos, portanto, escrever que $P_t^* = P_t + U_t$.

Uma vez que a variância da soma de duas variáveis independentes é dada pela soma das duas variâncias, então: $\sigma_p^* = \sigma_p + \sigma_u$. Como $\sigma_u > 0$, ou seja, como o erro de previsão é sempre positivo, temos que: $\sigma_p^* > \sigma_p$. Isso significa que a variância da projeção do preço de hoje (P_t) deve ser menor que a variância da variável projetada (P_t^*).

Essa demonstração matemática não se verifica na prática. Observamos, na verdade, o preço das ações flutuar mais do que os fundamentos, conforme mostra Shiller na Figura 10.

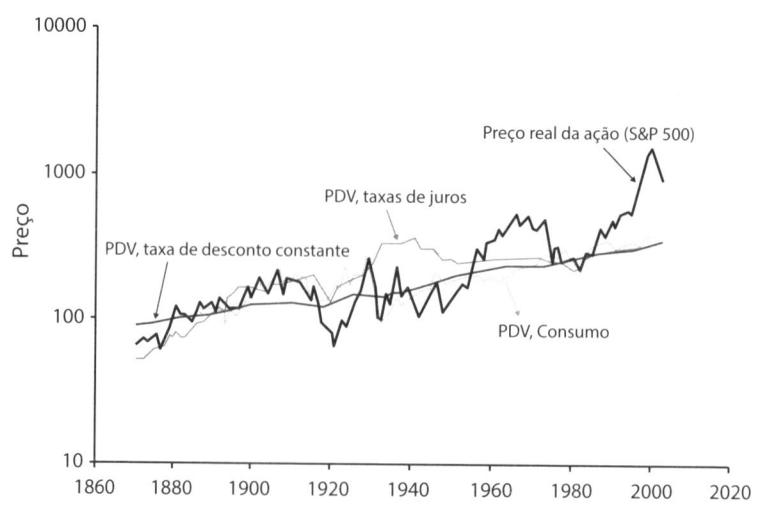

Figura 10. Preços reais das ações e valores presentes dos dividendos reais subsequentes.

No gráfico, o valor presente dos dividendos calculados com taxa de juros fixa (a linha cheia de média intensidade) é bem menos volátil do que o preço do S&P 500 (linha cheia mais grossa). Ou seja, a variância da variável projetada (fluxo de dividendos descontados) foi menor que a variância da projeção (dos preços do S&P 500) – o contrário da teoria, segundo a HME.

Shiller, então, tenta ajustar o modelo na forma de cálculo da taxa de juros para verificar se a incongruência persiste com duas alternativas: (i) usar a taxa livre de risco daquele ano mais o prêmio de risco médio; ou (ii) usar a taxa marginal de substituição, como no modelo de Merton (1970) e Lucas (1978). Relembrando fundamentos da microeconomia, a **taxa marginal de substituição** mede a quantidade de mercadoria A da qual o consumidor está disposto a desistir para obter mais da mercadoria B. Trazendo para o _ambiente intertemporal_, se o consumo está alto hoje, a taxa marginal de substituição cai, já que não há porque se antecipar consumo (portanto, o juro cai).

Como fica claro no gráfico, nenhuma das contas alternativas propostas por Shiller resolve o problema do excesso de volatilidade, que representa séria ameaça à HME.

MICROEFICIÊNCIA × MACROINEFICIÊNCIA DOS MERCADOS

Paul Samuelson (1915-2009) afirmava que o mercado é microeficiente e macroineficiente. Hoje, existem evidências que comprovam esse pressuposto.

Cohen, Polk e Vuolteenaho (2003) concluíram que de 75% a 80% da variação do _book-to-market ratio_ (valor contábil da empresa dividido pelo valor da empresa negociado no mercado acionário) das empresas podem ser explicadas pela variação futura dos lucros. Shiller (2003) mostra que, para as ações americanas negociadas desde 1926, a razão dividendo/preço é um bom previsor do valor presente das mudanças nos dividendos futuros.

Isso significa que há mais informações disponíveis para o mercado sobre mudanças nos fundamentos de empresas individuais (como lucros e fluxo de caixa) do que mudanças futuras sobre os fundamentos do agregado do mercado. É mais plausível conseguirmos fazer análises sobre o crescimento potencial de uma indústria ou entender que uma empresa tem problemas estruturais fundamentais, por exemplo, tributários, de gestão de endividamento.

No entanto, há pouca clareza sobre o agregado do fluxo de dividendos futuros do mercado de ações de um país. Isto é, prever mudanças drásticas no Ibovespa, por exemplo, não depende apenas de análises individuais de empresas; contemplam-se também flutuações macroeconômicas, como o crescimento do PIB e a política monetária. Sendo assim, é mais desafiador prever mudanças futuras no agregado do mercado do que em uma empresa individual.

Essas conclusões não significam que não existam bolhas em ações individuais. Demonstram que a variação entre os dividendos das empresas foi grande o suficiente para prevalecer como principal vetor. Se uma empresa quebra, não importa a bolha: ela vale zero, e o mercado põe isso no preço!

A CRISE DO ENCILHAMENTO

Provavelmente você já estudou o Encilhamento em aulas de História do Brasil no ensino médio. Por incrível que pareça, esse é o grande exemplo nacional do retrato da bolha na economia real brasileira do século XIX. Então, para começar, vamos nos situar na história do país para, depois, relembrar esse fato histórico.

Marechal Deodoro da Fonseca foi o primeiro presidente da República do Brasil. Seu governo, provisório e de transição entre o regime da monarquia e da república, durou de 1889 a 1891. Ruy

Barbosa (1849-1923), Ministro da Fazenda do governo republicano brasileiro, estava determinado a incentivar a industrialização do país, disponibilizando crédito para quem quisesse criar uma empresa ou abrir uma indústria.

Os objetivos da política de Ruy Barbosa eram nobres: modernizar o país por meio da industrialização, fomentar novos negócios e estimular o setor financeiro.

Os dois pontos de atenção dessa política que culminaram na famosa crise do Encilhamento foram a livre emissão de créditos e o incentivo ao crescimento econômico imprimindo moeda. Vários entes, como bancos, tinham permissão para imprimir dinheiro, o que causou a emissão de uma quantidade significativa de moeda sem lastro.

Os bancos estavam autorizados a liberar créditos para todos, mesmo sem conhecer as garantias e as condições de repagamento. A receita para crédito infinito: impressão de papel-moeda. O problema é que era necessário cada vez mais dinheiro para suprir a demanda por crédito para estabelecer novas indústrias, abrir novas empresas, pagar salários e afins.

O resultado dessa política foi trágico. O Brasil viveu com circulação excessiva de papel-moeda na economia, de modo que havia mais dinheiro do que a capacidade produtiva do país. Isso culminou na desvalorização da moeda brasileira. A inflação nas alturas e o uso indiscriminado de crédito concedido fez com que se assistisse à quebra de empresas em massa. Em suma, a política econômica de Ruy Barbosa, no primeiro respiro da nova república brasileira, foi um desastre e atrasou ainda mais o desenvolvimento do país, bem como a criação de empregos e oportunidades econômicas para a população.

A palavra "encilhamento" remete aos costumes e aos hábitos da época, muito relacionados com cavalos. Era utilizada para fazer alusão à confusão e à jogatina das corridas de cavalos, nas quais jóqueis costumavam encilhar seus cavalos antes de largar. Trazida para o contexto político, a ideia era de que o Brasil vivia um momento de crédito farto, em que o cavalo estava encilhado; bastava sentar e montar, pedindo crédito ao banco. Ao fim e ao cabo da história, as empresas sem lastro muito pouco alcançaram em média, ilustrando o fato de que a macroeconomia não vai muito longe sem os fundamentos microeconômicos.

Em resumo, a evidência sugere que a lógica fundamental prevalece mais em ativos individuais que em agregados de mercado.

▶ NA PRÁTICA

❶ Por que Samuelson dizia que o mercado é microeficiente?
❷ Explique por que o excesso de volatilidade é um problema para a HME.

7. MODELOS DE *FEEDBACK*

MODELOS DE *FEEDBACK* NA ECONOMIA REAL

A ideia central de modelos de *feedback* na economia real é que um preço diferente do preço justificável pelos fundamentos do ativo pode ter efeitos concretos. Explicamos: se o preço da ação sobe muito, pode ser que os funcionários acreditem mais na empresa e se dediquem mais a ela; pode ser que fornecedores deem mais crédito. Ou, ainda, pode ser uma referência de mercado vender para aquela empresa de sucesso – e, com isso, a empresa passe a comprar mais barato. Hirshleifer (2006) é um entre os vários que tentam mostrar efeitos de retroalimentação com o esforço dos funcionários. Subrahmanyam e Titman (2001) focam no efeito cascata, ou seja, na questão não linear da economia real e, portanto, em como a adição de apenas um fornecedor, ou cliente, pode mudar toda a dinâmica do setor. E preços dos ativos podem ser importantes fontes de informação para isso.

Vemos esse mecanismo acontecer todos os dias no mundo real e na tomada de decisão dos agentes da cadeia de valor de indústrias consolidadas.

Modelo de Hirshleifer *et al.*

O modelo Hirshleifer *et al.* (2006) tem três períodos e possui os seguintes tipos de investidores:

- estágio inicial e investidores tardios;
- investidores informados e desinformados;
- investidores racionais e irracionais.

Existe uma empresa com ações listadas que é negociada nos períodos 1 e 2 e há um pagamento (em inglês, *payoff*) no período 3 igual a $F = \delta + \theta$, em que δ depende do investimento dos trabalhadores na própria empresa onde trabalham e θ é o valor base da empresa.

O ***stakeholder*** (parte interessada) mede seu esforço na empresa pela seguinte expressão: $\mu\theta = E(\theta|P_1, P_2)$, em que P_1 e P_2 são os preços negociados nos períodos 1 e 2, respectivamente. Vamos supor que o impacto do esforço do funcionário seja proporcional ao seu empenho; logo: $F = \theta + kE(\theta|P_1,P_2)$, em que k é uma constante.

Como o especulador afeta a economia real? Assumimos que os preços gerados nas datas 1 e 2 têm impacto no fluxo de caixa na data 3, e que esse fluxo é expresso pela igualdade: $F = \theta + kE(\theta|P_1 P_2)$.

Os investidores irracionais acreditam que o ativo paga $\eta + \varepsilon$. Investidores irracionais informados cedo observam o valor de η na data 1. Investidores irracionais informados tardiamente observam o valor de η na data 2.

O equilíbrio do modelo é tal que investidores irracionais informados cedo se beneficiam, enquanto investidores irracionais informados tarde perdem dinheiro. Essa dinâmica se dá porque os primeiros investem sabendo que os últimos também comprarão, uma vez informados.

Em resumo, o ponto do artigo é interessante, apesar de o modelo não ser muito, já que ele basicamente assume o resultado. Não há dinâmica relevante. Na vida real, funcionários escolhem o nível de esforço por conta do preço da ação? Pode ser que, em caso de ***startups***, isso seja verdadeiro. Pode ser que um funcionário escolha trabalhar em uma empresa em detrimento de outra por conta do prestígio e do posicionamento da empresa que tem melhor desempenho e é mais reconhecida. O fato é que as aparências impactam as decisões dos *stakeholders*. A questão é o quanto.

Modelo de Subrahmanyam e Titman

No modelo de Subrahmanyam e Titman (2001), os autores exploram uma versão diferente de *feedback,* de modo a tentar conciliar a observação de que empresas gastam recursos consideráveis com relações com investidores para mitigar quedas pontuais no preço de suas ações. Essa premissa é incongruente com a teoria tradicional de finanças; no entanto, por preferência revelada, são importantes para as empresas, uma vez que elas investem recursos nisso para proteger sua reputação, com consequências para seus fundamentos. Isso significa que, se uma queda de preços de curto prazo afeta a maneira de os agentes econômicos interagirem com a companhia, seu valor intrínseco pode ser reduzido como resultado da queda de preços.

Ainda mais significativo nesse modelo é o fato de os *stakeholders* relacionarem o benefício de estarem associados a uma firma diretamente à quantidade de outros agentes econômicos também estarem associados a ela. Essa mesma queda de preços pode desencadear um efeito cascata, no qual alguns *stakeholders* deixam de se relacionar com a firma e são seguidos por outros. Em resumo, uma queda nos preços pode ter um impacto em cascata e devastador na firma.

O conceito de *feedback* em cascatas pode ser comparado com uma rede social: quanto mais ela cresce, mais valiosa é. Também pode ser comparado com um sistema operacional como o Windows: se todos o utilizam, fica difícil decidir utilizar um sistema diferente. É a ideia de que o usuário se beneficia se os outros adotam o mesmo produto.

O modelo básico

Esse modelo consiste em uma única firma que tem ativos operando e oportunidades de crescimento. Existem N *stakeholders*, os quais se beneficiam estando associados à firma. O benefício individual de cada um aumenta de acordo com a quantidade total de *stakeholders* associados a ela.

O **benefício** de cada *stakeholder* é dado por:

$$\rho_1 (F + \delta) + \rho_2 G$$

Sendo:

- *F* a média dos ativos em funcionamento;
- δ uma variável aleatória de média zero e normalmente distribuída;
- *G* o máximo potencial de crescimento da companhia;
- ρ_1 e ρ_2 a fração do benefício do *stakeholder* com e sem crescimento, respectivamente.

A decisão do *stakeholder* de se associar (e, portanto, do crescimento da firma) é dada comparando-se o benefício com seu salário reserva (w_i), para cada *i*. Isto é, $G = G^* - (N-1)r$, em que $(N-1)$ são aqueles que não se associam à firma e *r* é o grau de complementariedade entre os *stakeholders*; conforme $(N-1)$ cresce, *G* cai. Logo, podemos deduzir: benefício = $\rho_1 (F + \delta) + \rho_2 [G^* - (N-1)r]$. Se o benefício for positivo (ou seja, exceda seu salário reserva), o *stakeholder* decide se associar à firma.

Até aqui, vimos como o *stakeholder* decide ou não fazer negócio com a firma. Vamos avançar para entender como os movimentos das ações impactam a decisão dos *stakeholders*. Nesse caso, o modelo utiliza um mecanismo bastante parecido ao de Hirschleifer *et al*.

O efeito *feedback* do modelo

O mercado acionário é dividido em dois períodos. No primeiro período, investidores racionais aprendem o valor verdadeiro de δ e apresentam demandas pela ação da empresa baseados nessa informação. Nesse ponto, os autores examinam duas alternativas:

- quando o número de investidores racionais é fixo;
- quando os investidores podem observar δ desde que paguem um preço.

O <u>*market maker*</u> recebe as demandas dos investidores racionais, além das demandas dos especuladores e chega ao preço de mercado. No fim do primeiro período, os *stakeholders* veem o preço de mercado e decidem se associar ou não à firma.

No entanto, eles não veem δ, mas inferem a variável com base no preço de mercado. Se o preço é alto, não há como saber se é por conta de δ ou por conta de especulação. O modelo de Subrahmanyam e Titman afirma que a probabilidade de cascata aumenta com a volatilidade do preço da ação. Por um lado, quanto mais volátil for o preço da ação, maior será a probabilidade de inferirem que o δ variou e, portanto, de gerar o efeito cascata. Por outro lado, se a informação é fácil de ser obtida (por exemplo, empresas mais transparentes), investidores saberão que movimentos na ação provavelmente são oriundos de especuladores; logo, menos cascata. Entretanto, nem sempre a transparência ajuda.

Subrahmanyam e Titman depois consideram o que acontece se a firma tem algum controle sobre a precisão da informação a que o público tem acesso. Eles descobriram que novas firmas que querem colocar seus produtos no mercado têm forte incentivo a dar à informação e atrair a atenção do público, pressionando a volatilidade na direção positiva.

Firmas já estabelecidas, por sua vez, preocupam-se mais com uma volatilidade na direção negativa e preferem ser menos transparentes, para que a volatilidade seja atribuída à especulação, não a fundamentos. Esse modelo (e a conclusão a que ele leva) sofre as mesmas críticas que o de Hirschleifer *et al.*, pois existem muitas hipóteses fortes para alcançar o resultado. A narrativa é, portanto, boa, mas o modelo não ajuda muito.

Em conclusão, ambos os modelos discutidos demonstram como movimentos em uma ação podem alterar o comportamento dos *stakeholders* e afetar fundamentos. Se os preços são distorcidos por especuladores, isso pode afetar a alocação eficiente de recursos. Não há um tratamento completo em um modelo que mostre como essas distorções alocativas ocorrem e tampouco uma quantificação desse problema alocativo. Aqui há muito espaço para nova pesquisa.

▶NA PRÁTICA

1. Explique o que é *feedback* de preço.
2. Como preços podem afetar a economia real?
3. No modelo de Hirshleifer *et al.*, qual é a principal variável afetada pelos preços?
4. Por que empresas criam setores de relação com investidores?
5. Por que ser transparente nem sempre é ótimo segundo Subrahmanyam e Titman?

O COMPORTAMENTO HUMANO

8. O BENCHMARK DA RACIONALIDADE

A teoria econômica modela o comportamento humano em várias ocasiões. Por exemplo: qual ação comprar? Qual carro escolher? Com quem se relacionar?

A ciência econômica trabalhou com essas questões por meio da **teoria da utilidade**, que mapeia a felicidade de um indivíduo de acordo com suas escolhas. Maximizar utilidade significa escolher a melhor cesta de consumo, aquela que faz o indivíduo mais feliz dadas suas restrições de recursos.

Em resumo, as duas hipóteses comumente aceitas na teoria econômica e de finanças são estas:

- mais é melhor que menos;
- indivíduos sempre buscam seu próprio interesse nas escolhas que fazem.

Para que o mapeamento das cestas de consumo permita aos indivíduos ser racionais ao maximizá-las, a função de utilidade precisa ter as seguintes características:

- **universalidade**: toda cesta possível deve ter uma utilidade associada a ela;

- **comparabilidade**: para quaisquer duas cestas A e B, deve ser verdade que U(A) > U(B), U(A) = U(B), ou U(A) < U(B);
- **transitividade**: para cada três cestas A, B e C, se U(A) ≥ U(B) e U(B) ≥ U(C), então U(A) ≥ U(C).

Utilizando a linguagem formal, temos:

- Um conjunto de alternativas (cestas de consumo) (A).
- Uma ordem de preferência, tal que:
  - se a e b são membros quaisquer do conjunto A, ou a > b ou b > a, ou eles são indiferentes;
  - se a, b e c são membros de A, tal que a > b e b > c, então a > c.
- Uma condição de continuidade. De modo geral, se as cestas não estão muito distantes na ordem de preferência, elas seguem a lógica de transitividade das vizinhas.

Considerando as condições anteriores, existe uma função utilidade que ordena as preferências dos indivíduos: existe U(x) para cada x em A, tal que U(x) > U(y) se, e somente se, x > y para todos x e y em A. Sabemos que a utilidade é ordinal, o que significa que:

- U(x) apenas ranqueia alternativas e não há significado ao valor dado por U(x) – U(y), a não ser o fato de ser positivo ou negativo.
- Qualquer **transformação monotônica** da função utilidade não altera a ordem de preferência, ou seja, U(x) pode ser substituído por outra função V(x) desde que V(x) > V(y), U(x) > U(y) para todo x, y. Em outras palavras, duas funções de utilidade são equivalentes desde que elas ordenem as alternativas da mesma forma.

A Figura 11 mostra a utilidade familiar que usa curvas de indiferença.

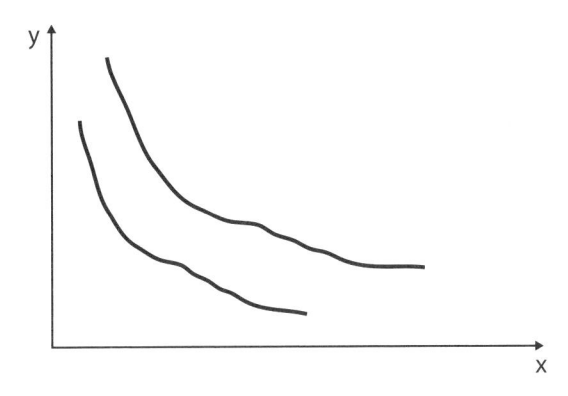

Figura 11. A utilidade familiar que usa curvas de indiferença.

Agora, vamos entender o que acontece com a função utilidade quando há risco. Considere A um conjunto de alternativas $a_1, a_2, ..., a_n$. Cada alternativa possui probabilidade $P(a_i)$, isto é:

- $P(a_i) \geq 0$ (não negativa).
- $\sum P(a_i) = 1$.

Se X e Y são subconjuntos de A e não possuem alternativas em comum, então $P(X \text{ ou } Y) = P(X) + P(Y)$.

Como tomamos decisão quando há risco e o resultado depende da probabilidade associada às alternativas? Vamos explorar o conceito de **loterias**.

Entenda uma loteria como:

- Um conjunto de alternativas adicionado a uma distribuição de probabilidade que é designada a cada uma delas.
- Uma função valor que designa valor para cada alternativa no conjunto. Por exemplo:
  - Jogar a moeda para cima. Se tirar cara, paga R$ 1,00; coroa, paga R$ 0,00.

- Tirar uma carta do baralho. Se tirar um ás, paga R$ 10,00; para todas as outras alternativas, paga R$ 0,00.

Vamos assumir um conjunto de loterias L e aplicar a função utilidade Von Neumann-Morgenstern[4] para encontrar a "utilidade esperada".

- $U(x)$ para cada x em L.
- $U(y)$ para cada y em L.
- Utilidade esperada = $\alpha U(x) + \beta U(y)$, em que α e β são frações entre 0 e 1, os quais denotam a probabilidade de x e y. A soma deles não é maior que 1.

Em seguida, compare "valor esperado" com "utilidade esperada", em que:

- valor esperado é apenas o resultado médio, ou seja, $P(x)x + P(y)y$.
- utilidade esperada é a utilidade média, isto é, $P(x)U(x) + P(y)U(y)$.

É importante notar que existe uma diferença entre o primeiro item e o segundo. A depender da forma funcional de $U(.)$ – e, no caso geral, de aversão a risco aplicado em economia –, a riqueza inicial influi no resultado. Para ilustrar, considere o exemplo a seguir.

A riqueza inicial de Júlia é cem reais. Suponha que ela se confronte com duas loterias:

---

[4] Em livro publicado em 1944 por John von Neumann e Oskar Morgenstern, *Theory of Games and Economic Behavior*, os autores partiram da formulação de função utilidade de Bernoulli, que se dava sobre a riqueza, e definiram a função utilidade esperada sobre loterias.

- **loteria 1**: paga R$ 100,00 com 5% de chance e R$ 0,00 com 95% de chance.
- **loteria 2**: paga R$ 10,00 com 50% de chance e R$ 0,00 com 50% de chance.

Ambos os jogos têm o mesmo valor esperado de R$ 5,00. Entretanto, em geral, as pessoas escolhem a alternativa 2, porque ela paga com maior probabilidade.

Agora, vamos mudar a loteria 1 para 10% de chance de pagar R$ 100,00 e 90% de pagar R$ 0,00. Qual você escolheria: a primeira ou a segunda?

O valor esperado da primeira é o dobro da segunda. A segunda é menos arriscada. Ou seja, a loteria escolhida depende da função utilidade e da riqueza inicial. Em outras palavras, depende do quão feliz Júlia fica quando se encontra em diferentes níveis de riqueza.

Então, considere que a função utilidade de Júlia se comporta da seguinte maneira:

- $U(100) = 10$. Sua utilidade hoje considerando sua riqueza inicial.
- $U(110) = 12$. Sua utilidade se ganhar R$ 10,00.
- $U(200) = 18$. Sua utilidade ao receber R$ 100,00 com certeza.

Para calcular a utilidade esperada da loteria 1, vamos utilizar:

$$E[U(L_1)] = 5\% \times U(200) + 95\% \times U(100) = 5\% \times 18 + 95\% \times 10 = 10{,}4$$

Para calcular a utilidade esperada da loteria 2, vamos utilizar:

$$E[U(L_2)] = 50\% \times U(110) + 50\% \times U(100) = 50\% \times 12 + 50\% \times 10 = 11$$

Em conclusão, a aversão ao risco dessa função faz com que se escolha a loteria 2. Se usarmos a loteria 1 modificada com 10% de chance de ganho, temos que a utilidade esperada sobe para 10,8, e a loteria 2 continua sendo escolhida.

Podemos resolver para qual probabilidade *P* com essa função utilidade a loteria 1 passaria a ser preferida. Considere:

$$P \times U(200) + (1 - P) \times U(100) = 11 \Rightarrow P = \frac{1}{8}$$

Em resumo, se a probabilidade de ganhar cem reais for maior que 12,5%, a loteria 1 passa a ser escolhida.

ESCOLHAS ARRISCADAS

Frank Knight (1885-1972), um dos fundadores da Escola Econômica de Chicago, é o famoso autor do livro publicado em 1921, *Incerteza do risco e lucro*, em que distigue bem o risco econômico da incerteza: "Incerteza é quando não apenas os resultados são incertos, mas também a distribuição de probabilidade que os rege".

Já no caso do risco econômico, o autor assume que conhecemos os possíveis resultados e a probabilidade de eles ocorrerem. Mais especificamente, sabemos:

- Estados da natureza: $a_1, a_2, ..., a_n$, que podem ocorrer.
- A probabilidade de cada estado: $P(a_1), P(a_2), ..., P(a_n)$:
  - em que $P(a_i) > 0$ para cada *i*.
  - $\sum_{i=1,...,n} (P(a_i)) = 1$.

Este livro lida principalmente com risco no sentido de Knight. A literatura econômica, entretanto, terminou por chamar esse risco descrito de incerteza.

Então, seguindo a tradição econômica, a escolha na presença de incerteza é dada pelo arcabouço explicado a seguir.

Há uma função de probabilidade dada por $P(a_1), P(a_2), ..., (a_n)$, para cada estado da natureza a_i. A loteria é definida como $M(a_1), M(a_2), ..., M(a_n)$, em que $M(a_i)$ é o benefício em dinheiro se o estado da natureza a_i ocorrer. O valor esperado da loteria é dado por $\sum_{i=1,...,n} P(a_i)M(a_i)$. De forma geral, os indivíduos gostam de loterias com maiores valores esperados. Há, entretanto, alguns valores esperados de difícil entendimento, como é o caso do **Paradoxo de Bernoulli** (explicado no boxe a seguir).

Os indivíduos são avessos ao risco desde que não aceitem entrar em uma aposta justa. Para ficar mais clara a definição, vamos determinar uma aposta justa. Suponha que você possui uma loteria M com valor esperado $E[M]$. Imagine que você pode comprar a loteria pelo preço conhecido como preço(M). Se você nunca compraria esse bilhete de loteria quando preço(M) $\geq E[M]$, então você é avesso ao risco. Aversão ao risco é não comprar uma loteria justa. Você só compra a loteria se o benefício estiver enviesado a seu favor. O paradoxo está no sentido de que todo bilhete de loteria é mais caro que o benefício médio dele; caso contrário, as loterias não poderiam pagar seus custos operacionais. Ainda assim, as pessoas compram bilhetes.

> **PARADOXO DE BERNOULLI**
>
> O Paradoxo de Bernoulli (também conhecido como Paradoxo de São Petersburgo): jogo em que você ganha 2^N reais na primeira vez que tira cara, dois reais na primeira jogada, quatro reais se o resultado da primeira se repetir na segunda etc. Temos, ainda, que:
>
> - a esperança é infinita;
> - mas as pessoas não pagam mais que R$ 25,00 para entrar no jogo...

$$E = \frac{1}{2} \cdot 2 + \frac{1}{4} \cdot 4 + \frac{1}{8} \cdot 8 + \frac{1}{16} \cdot 16 + \ldots$$
$$= 1 + 1 + 1 + 1 + \ldots$$
$$= \infty$$

Se as pessoas são avessas ao risco, elas têm uma função de utilidade côncava. Para cada real adicional na riqueza delas, esse real eleva, de forma marginal, menos a utilidade. Dentro da lógica de escolha sob incerteza, isso significa que elas preferem escolher a utilidade média a correr o risco de ficar com a utilidade de resultados externos. Vejamos no exemplo a seguir.

Imagine que você receba $U(M_1)$ e $U(M_2)$ de M_1 reais e M_2 reais, respectivamente. Se há probabilidade P_1 de receber M_1 e probabilidade P_2 de receber M_2, a utilidade esperada é: $P_1 U(M_1) + P_2 U(M_2)$. Se P_1 e $P_2 = \frac{1}{2}$ e $M_1 = 100$ e $M_2 = 0$, temos que:

$$U(P_1 100 + P_2 0) = U(50) > \frac{U(0)}{2} + \frac{U(100)}{2}$$

Em outras palavras: é melhor estar em temperatura ambiente que com a cabeça no *freezer* e os pés no forno.

Esse ponto pode ser visto graficamente na Figura 12, em que W representa a riqueza do indivíduo e U, a função utilidade.

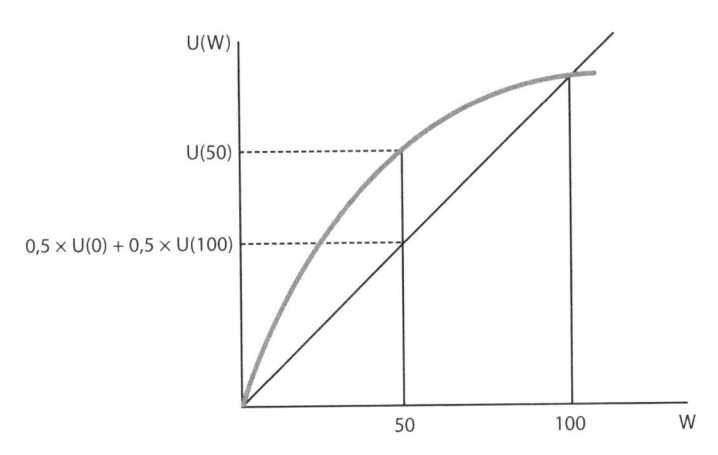

Figura 12. Riqueza × função utilidade.

Vamos considerar o seguinte exemplo: imagine que os Estados Unidos estejam se preparando para uma pandemia cuja previsão de morte é de seiscentas mil pessoas. Dois programas alternativos são propostos:

Programa A → Salva duzentas mil pessoas.

Programa B → $\frac{1}{3}$ de probabilidade de que seiscentas mil pessoas serão salvas.
$\frac{2}{3}$ de probabilidade de que ninguém será salvo.

Qual dos programas você escolhe? Como fazer essa escolha? Salvar duzentas mil pessoas com certeza tem um apelo muito forte. Essa é a escolha da maior parte das pessoas. Por mais que, em média, o programa B salve o mesmo número de pessoas, e com sorte salvará todos, é difícil correr o risco de não salvar ninguém com $\frac{2}{3}$ de chance.

A aversão ao risco dos indivíduos racionais leva tomadores de decisão a escolher o programa A.

Outro exemplo é o **Paradoxo de Allais**. Formulado originalmente pelo físico e economista francês Maurice Allais (1911-2010), esse exemplo mostra a inconsistência das escolhas previstas na utilidade esperada.

Observe as opções ao escolher entre as alternativas A e B.

Opção A
- 100% de chance de ganhar R$ 1 milhão.

Opção B
- 89% de chance de ganhar R$ 1 milhão.
- 1% de chance de não ganhar nada.
- 10% de chance de ganhar R$ 5 milhões.

Agora, ao escolher entre as opções C e D.

Opção C
- 89% de chance de não ganhar nada.
- 11% de chance de ganhar R$ 1 milhão.

Opção D
- 90% de chance de não ganhar nada.
- 10% de chance de ganhar R$ 5 milhões.

A maior parte das pessoas prefere a opção A à opção B e as mesmas pessoas preferem D a C. No entanto, essas escolhas são inconsistentes com a racionalidade. Observe:

- A preferível à opção B significa $U(1) > 89\%U(1) + 10\%U(5)$.
- Isso significa $11\%U(1) > 10\%U(5)$.

- D preferível à opção C significa 10%U(5) > 11%U(1).
- Então, opção A preferível à opção B e opção D preferível à opção C é contraditório.

Uma das razões de os indivíduos escolherem A, e não B, é a necessidade de evitar o desapontamento de não ganhar nada. O arrependimento, entretanto, sentimento muitíssimo presente no processo decisório humano, não está modelado na teoria da utilidade esperada.

Outra forma de entender o mesmo ponto é que, na escolha entre A e B, escolhe-se entre a certeza absoluta de algo positivo e uma escolha que tem possibilidade de esse ganhar mais com chance de dar errado. Há uma descontinuidade da certeza.

Já com relação a escolher entre C e D, ambas as escolhas estão no campo da incerteza. Nesse ambiente, a teoria da utilidade esperada funciona melhor como modelo para entender a maneira como escolhas são feitas por indivíduos.

▶ NA PRÁTICA

1. Explique os três <u>axiomas</u> da função utilidade.
2. Explique o que significa aposta justa e aversão ao risco.
3. Em que consiste a função de utilidade côncava? Explique.
4. Discorra sobre o Paradoxo de Allais e o desapontamento humano.

9. ANOMALIAS COM A CERTEZA

No final do capítulo anterior, vimos, por meio do Paradoxo de Allais, que a teoria da utilidade esperada não mapeia, de forma acurada, escolhas sob incerteza. A seguir, vamos mergulhar mais a fundo em exemplos que desafiam a racionalidade do indivíduo – o axioma da teoria microeconômica. Não é apenas na presença de incerteza que descobrimos anomalias nas escolhas do ponto de vista da teoria da microeconomia tradicional; mesmo quando a certeza impera, observamos que o indivíduo, em geral, tende a decidir pela opção padrão ou pela inércia.

Efeitos inerciais

Imagine que duas pessoas idênticas estejam escolhendo entre A e B. A única diferença entre elas é que uma começa no A e a outra começa no B. A essas pessoas é oferecida a opção de trocar de posição. Pode ser surpreendente descobrir que as pessoas tendem escolher a se manter onde estão na maior parte do tempo. Experimentos mostram que indivíduos tendem a manter o *status quo*.

Efeito dotação

No livro *The Winner's Curse: Paradoxes and Anomalies of Economic Life*, Richard Thaler conta a história de um economista amante de vinhos que comprou algumas garrafas de Bordeaux anos atrás por dez dólares cada uma. O preço atual da garrafa chegou a duzentos dólares. O economista agora toma seu vinho uma vez ao ano. Ele se encontra com um estudante, também enófilo, que pergunta ao professor: "Se o senhor gosta do vinho, por que não compra mais?" O professor responde que o preço já subiu muito. Em seguida, o aluno pergunta se ele não quer vender algumas garrafas do estoque. O professor diz que não tem interesse, porque as garrafas valem muito para ele.

Esse exemplo não é surpreendente ao avaliarmos o comportamento comum de pessoas reais. Ele, no entanto, confronta a teoria ecônomica tradicional, no sentido de que cada indivíduo tem um **preço de reserva** para cada bem.

Uma documentação importante a respeito do efeito inercial foi feita por Knetsch e Sinden (1984), que conduzem um experimento de laboratório que ilustra o viés inercial. No experimento, alguns sujeitos recebem um bilhete de loteria que custa dois dólares e outros recebem dois dólares em dinheiro. É dada a oportunidade a eles de fazerem trocas. Mas poucos sujeitos usam a oportunidade para fazer trocas. Isso demonstra o efeito inercial.

Outro experimento conduzido por Knetsch e Sinden é chamado de **compradores e vendedores**. Na primeira etapa, os participantes "vendedores" (metade dos participantes) recebem canecas; a outra metade, os "compradores", não recebe nada. Em seguida, cada participante preenche seu preço de reserva pela caneca, ou seja, vendedores atribuem o preço pelo qual venderiam a caneca, enquanto compradores determinam o preço pelo qual comprariam a caneca. Segundo a teoria tradicional, esses preços devem ser iguais. Mas, na prática, observa-se que vendedores atribuem o dobro do preço atribuído pelos compradores.

Na segunda etapa do experimento, temos os vendedores, que continuam sendo os que recebem as canecas; os compradores, que não recebem nada, e os eleitores, novo grupo dotado do poder de escolha (têm a opção de receber dinheiro ou caneca). O curioso do estudo é notar que o preço de reserva para cada grupo é $ 7,12, $ 3,12 e $ 2,87, respectivamente. Isso significa que aqueles que recebem a caneca, ou seja, possuem um "bem" para começar, atribuem um valor a ele duas vezes maior que os outros grupos participantes. Essa constatação nos leva a afirmar que o preço de reserva com mudança de referência inicial é o dobro. É uma diferença impressionante.

Efeito *status quo*

Em 1988, Samuelson e Zeckhauser documentaram no *Journal of Risk and Uncertainty* uma série de experimentos sobre decisões em que os indivíduos escolhem a opção do *statu quo*, ou a opção padrão, desproporcionalmente. Dados sobre a escolha de planos de saúde e planos de previdência mostram que esse viés pelo *statu quo* é presente e significativo em decisões importantes para a vida real. Isso tem aplicações para técnicas de marketing, organização industrial e outras áreas.

Em 2009, Thaler e Sunstein publicaram um livro chamado *Nudge*, no qual eles sugerem o uso desse fenômeno em políticas públicas para ajudar pessoas a escolher melhor. Vamos trabalhar um exemplo simples do efeito *statu quo*.

Suponha que você tenha recebido de herança dez milhões de reais, os quais foram transferidos para sua conta-corrente e, portanto, não estão alocados. Como investiria esse dinheiro? Agora, suponha que tenha recebido os mesmos dez milhões, dos quais três milhões estavam alocados em ações do Itaú. Você investiria de forma diferente e mudaria sua posição nesse ativo? Em geral, as pessoas não mexem nas ações do Itaú. Por quê? Porque elas têm esse viés comportamental de ficar paradas (que chamamos de viés do *status quo*).

Efeito disposição

Esse efeito está ligado ao fato de os indivíduos fazerem contabilidade mental sobre cada assunto, como colocar assuntos específicos em <u>razonetes</u> separados em ativos e passivos específicos. Por exemplo, suponha que você tenha comprado um ingresso para um *show* por duzentos reais e sua agenda mudou, de maneira que, no dia seguinte ao *show*, logo pela manhã, você tem um compromisso importantíssimo. Assim, ir ao *show* não é mais uma boa ideia. Infelizmente, você também não consegue vender o ingresso. Você vai ao *show* assim mesmo? O que pensar?

De um lado da balança, há o passivo de duzentos reais. E o que tem no ativo? Se você não for ao *show*, zero. Isso nos maltrata, porque nos sentimos mal em ter gasto duzentos reais à toa. Muitas vezes, acaba-se indo ao *show*, mesmo não fazendo sentido dado o novo contexto. Em casos como esse, o mais racional a fazer é tratar o assunto como uma perda do passado e reotimizar. Mas temos dificuldade em fazer isso.

Da mesma forma, quando temos de liquidar um investimento em uma ação para pagar contas, temos o viés de liquidar as ações que estão indo bem e com ganhos, para não ter que realizar uma perda. Isso acontece porque cada ação tem seu razonete imaginário de perdas e ganhos da sua contabilidade mental. O racional, porém, é fazer uma otimização do portfólio como um todo, liquidando as ações que têm o prognóstico pior para o futuro, em vez de tomar a decisão com base no desempenho de retornos do passado.

> **OS FUNDOS DE PENSÃO E A DOR DA PERDA**
>
> A crise de 2008 nos proveu com várias histórias sobre finanças comportamentais. Por isso, voltamos com frequência a esse momento difícil da história dos mercados financeiros globais.
>
> Foram várias as instituições e os indivíduos que não aguentaram a dor da perda imposta pela crise. O curioso e inimaginável a partir da

perspectiva da teoria econômica tradicional é que agentes financeiros, tidos como investidores racionais, também não aguentaram perder.

Segundo artigo do IPEA de Bruno De Conti (2016), no período de 2003 a 2007 fundos de pensão brasileiros aumetaram sua posição em renda variável, refletindo o aquecimento do mercado acionário à época. No agregado, o montante alocado em ações passou de 62,5 para 160 bilhões no período, tendo a maior variação entre 2006 e 2007, logo antes de a crise estourar. Como todos os outros agentes econômicos com dinheiro na Bolsa e em renda variável, os fundos de pensão sofreram um baque significativo em seu portfólio de ações.

Fato é que, como nas outras bolhas vividas pela sociedade moderna, o mercado se recuperou em 2009. Os fundos de pensão, por sua vez, não retomaram seu patamar de alocação e diminuíram, em comparação com 2007, quase pela metade os recursos nessa carteira.

Agentes racionais, de acordo com a teoria das finanças tradicionais, não zerariam suas posições, mas aguentariam o mercado voltar. É curiosa a decisão dos fundos de pensão nesse sentido, sendo seus representantes e técnicos, em tese, conhecedores do mercado. A dor da perda é uma condição humana.

Para finalizar a história, alguns fundos de pensão avaliaram processar **bancos custodiantes** e administradores de fundos por suas perdas, alegando que os bancos brasileiros, que nada tinham a ver com a bolha do *subprime*, haviam agido de má-fé orientando pela alocação em ações. Para além da dor da perda, a vontade de achar um culpado é também inerente aos seres humanos!

NA PRÁTICA

① Explique como varia preço de reserva com mudança de dotação inicial.

② Qual é a decisão mais comum quando é preciso liquidar um investimento para pagar uma conta? Por quê?

③ O que Samuelson e Zeckhauser documentaram?

10. TEORIA PROSPECTIVA

Kahneman e Tversky, em 1979, publicaram um trabalho na revista *Econometrica* que mudou a forma como os economistas pensam nas decisões tomadas pelos agentes em um ambiente de risco. No artigo, eles propuseram a **teoria prospectiva**, baseada na ideia de que as escolhas são feitas a partir de um ponto de referência, de modo que sua alegria em ter um milhão de reais hoje depende de se você já tinha esse valor ontem, ou se você o ganhou de ontem para hoje. Em notação:

> Ut(R$1.000.000,00)
> É diferente se:
> W_{t-1} = 1 milhão de reais ou W_{t-1} = 1 mil reais, em que W_{t-1} é o ponto de partida da riqueza do indivíduo.

Como vimos nos capítulos anteriores, na teoria da utilidade esperada, entretanto, o ponto da partida da riqueza não é importante na determinação da utilidade. Só o que importa é o ponto de chegada. A teoria da utilidade esperada baseia muitos modelos econômicos tradicionais. A partir dela, como seu ponto de partida não importa, se você ganha um salário de três mil reais e ganhou um milhão de reais na loteria, sua felicidade é exatamente igual a de uma pessoa que tem cem milhões de reais no banco e ganhou mais um milhão hoje. Isto é, nessa outra teoria, Ut(R$1.000.000,00) é invariante ao ponto de partida. É invariante também às opções que o sujeito tinha inicialmente.

Mas por que precisamos de uma teoria alternativa à utilidade esperada?

- O Paradoxo de Allais mostra que os indivíduos lidam de forma estranha com a utilidade esperada. A principal mensagem do Allais é que há uma grande descontinuidade entre a certeza e a incerteza. As pessoas têm bastante dificuldade em entender intuitivamente quanto a felicidade delas muda se a probabilidade de ter um benefício positivo aumentar de 39% para 40%. De 99% para 100% é bem mais fácil.
- A utilidade esperada funciona com base no nível de riqueza. Perguntamos: você sabe, com precisão, qual sua riqueza? Em média, as pessoas não têm esse número na ponta da língua. As mais ligadas em finanças até têm uma boa ideia de quanto seria, mas, em geral, é um número aproximado. Qual foi a última vez que você fez essa conta?

Então, se não é a riqueza, o que será que determina as escolhas? Vejamos um exemplo que ilustra a questão do ponto de referência.

Considere as seguintes alternativas propostas por Kahneman e Tversky (1979):
1. Além dos R$ 100.000,00 que você já tem:
    a. Ganha R$ 50.000,00 com certeza ou
    b. Tem 50% de chance de ganhar R$ 100.000,00.

Agora, considere um outro tipo de escolha:
2. Além dos R$ 200.000,00 que você já tem:
    a. Perde R$ 50.000,00 com certeza ou
    b. Tem 50% de chance de perder R$ 100.000,00.

No exemplo 1, a pessoa teria a certeza de ter R$ 150.000,00 ao final do exercício, ou a oportunidade de ter R$ 200.000,00, caso escolhesse pela incerteza. Nesta última opção, a pessoa teria 50% de chance de continuar com o nível de riqueza que já possui, R$ 100.000,00. No exemplo 2, a pessoa se depara com os mesmos números em absoluto, porém com um exercício decisório diferente: ela pode escolher perder R$ 50.000,00 e terminar com R$ 150.000,00 com certeza, ou ter a chance de não perder nada e continuar com R$ 200.000,00. Nesta última opção, ela corre 50% de risco de perder R$ 100.000,00 e finalizar o exercício com R$ 100.000,00 apenas.

Essas duas questões são apresentadas conjuntamente e boa parte dos respondentes escolhe 1a e 2b. Note que as duas escolhas, no exemplo 1 e no exemplo 2, implicam exatamente o mesmo valor final de riqueza esperado: R$ 150.000,00 no caso da certeza e 50% de chance de R$ 100.000,00, e 50% de chance de R$ 200.000,00 no caso da incerteza! Se os números são iguais, o que mudou para que as escolhas fossem tão diferentes? O ponto de referência.

Na primeira escolha, o ponto de referência eram os R$ 100.000,00; na outra, os R$ 200.000,00. Em uma, tratou-se de chance de ganho; na outra, de chance de perda.

A teoria econômica tradicional não prevê que indivíduos são avessos ao risco para ganhos e amantes do risco para perdas. Dessa análise, podemos deduzir a curva *S*.

Vejamos um novo exemplo.

Considere a escolha entre as seguintes loterias:

1. Ganhar:
   a. R$ 900,00 com certeza ou
   b. R$ 1.000,00 com 90% de chance.

2. Perder:
   a. R$ 900,00 com certeza ou
   b. R$ 1.000,00 com 90% de chance.

A opção menos arriscada é sempre a opção **a**. Na prática, entretanto, as pessoas escolhem 1a e 2b. O resultado independe do nível de riqueza. Se você está participando de um jogo de pôquer, por exemplo, adora ganhar e detesta perder, independentemente de sua conta bancária! O fato é que as pessoas lidam de modo diferente com perdas potenciais *versus* ganhos potenciais. A representação gráfica disso é dada pela curva S.

CURVA S

Na curva S, o segmento da curva é mais inclinado na parte das perdas do que na parte dos ganhos. Significa que perdas machucam mais do que ganhos alentam quando proporcionais. Isso é também chamado de **aversão à perda**.

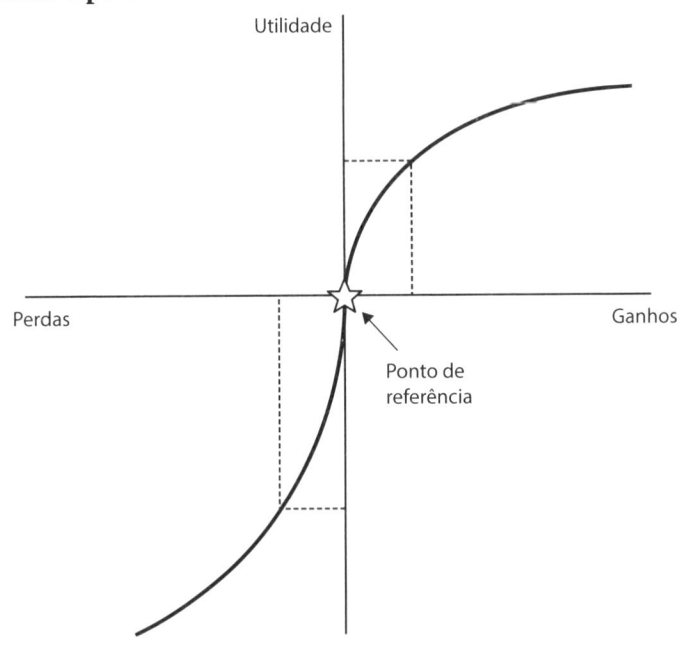

Figura 13. Curva S.

Para ilustrar essa característica presente na tomada de decisão do indivíduo, observe o seguinte exemplo.

Considere a aposta: 50% de chance de ganhar R$ 150,00 *versus* 50% de chance perder R$ 100,00. Qual é o valor esperado da aposta? R$ 25,00. Mesmo assim, pessoas não entram nesse tipo de aposta. Perder R$ 100,00 é muito pior que ganhar R$ 150,00. Para valer a pena, em média, é preciso haver um ganho de R$ 200,00. Estimativas mostram que o ganho necessário deve variar de 1,5 a 2,5 vezes para que as pessoas aceitem a aposta.

Matthew Rabin (2000) mostra que qualquer indivíduo com uma função utilidade côncava que rejeita a aposta de 50% de chance de perder cem reais *versus* 50% de chance de ganhar duzentos reais também rejeita a aposta de 50% de chance de perder duzentos reais e 50% de chance de ganhar vinte mil reais. Na prática, as pessoas não gostam da primeira aposta possibilidade e gostam da segunda.

Por isso, a teoria prospectiva pode ser uma boa revisão para a teoria da utilidade esperada. Rabin, extrapolando o argumento, mostra que indivíduos que rejeitam a aposta 50/50 de perder R$ 100,00 *versus* ganhar R$ 125,00 deveriam rejeitar a aposta 50/50 de perder seiscentos reais contra ganhar dez milhões de reais. Mas isso não ocorre na prática, fazendo-nos concluir que a utilidade côncava, usada nos modelos tradicionais de finanças, não mapeia de forma suficiente as decisões tomadas sob risco.

IMPLICAÇÕES PARA A TEORIA DA UTILIDADE ESPERADA

Decisões diante de incerteza são dependentes de suas experiências e de seu caminho. Se um indivíduo ganha quinhentos reais e, depois, perde, o que acontece com a utilidade dele pela teoria tradicional? Nada! E pela teoria prospectiva, o que ocorre? Se tiver havido tempo suficiente entre o ganho e a perda, de modo que o ponto de referência tenha sido alterado, haverá uma perda geral de utilidade. Ou seja, com o ganho, há um aumento da utilidade, mas a perda de montante equivalente ofusca o aumento inicial da utilidade e o indivíduo sai perdendo em termos de bem-estar.

Essa dependência do caminho dificulta o exame do comportamento humano com base em dados. Um <u>econometrista</u>, para modelar análises de variáveis econômicas, precisa de uma base de dados completa, que contenha cada decisão que o agente tomou no tempo e todos os resultados de suas decisões. No caso da modelagem de operações com ações é necessário também observar, adicionalmente, perdas e ganhos em cada papel a cada vez que o operador tiver checado seu portfólio. É mais fácil explicar as decisões financeiras que os seres humanos tomam considerando o caminho que eles percorreram. Se a pessoa era rica e ficou pobre, se o preço da ação já foi mais alto e caiu, ou se, por enquanto, o preço da ação só subiu. No entanto, o desafio é que, se tudo depende do caminho, é difícil se criarem teorias gerais, na medida em que existem infinitos caminhos e, portanto, fica difícil expressá-los com a parcimônia de um modelo.

A TEORIA PROSPECTIVA NA PRÁTICA

List (2004) publicou na revista *Econometrica* estudo que avalia evidência da teoria prospectiva na ação de firmas em um mercado competitivo.

Bleichrodt *et al*. (2007) acharam evidência de que indivíduos se comportam alinhados com a teoria prospectiva ao tomar decisões sobre saúde.

Além desses estudos, há outros com diretriz semelhante. No contexto experimental, a evidência é farta.

TEORIA PROSPECTIVA E GESTÃO DE PORTFÓLIO

Se, como sugere a teoria prospectiva, o ponto de referência é relevante, ele impacta a decisão sobre investimento. Então, mercados com informação em tempo real devem se comportar de modo diferente de mercados menos líquidos. Isso pode explicar anomalias até mesmo sobre reações que podem ocorrer de maneira mais frequente em alguns mercados. Um exemplo disso é o contraste entre mercado de imóveis e mercado de ações. A volatilidade das ações provavelmente é mais alta por conta desse fator. Uma consequência é que, provavelmente, o Sr. João, de Taubaté, no auge de seus 80 anos, tem conforto em possuir imóveis e não ações.

PROBLEMAS COM A TEORIA PROSPECTIVA

É possível observar alguns aspectos do comportamento humano inconsistentes com a teoria prospectiva. Para ilustrar a questão, considere o seguinte:

- $\frac{1}{1.000}$ chance de ganhar R$ 1 milhão;
- 90% de chance de ganhar R$ 10,00;
- 90% de chance de ganhar R$ 1 milhão.

A possibilidade de nada ganhar existe em todos os casos, mas o desapontamento na última é muito maior que nas outras. A teoria prospectiva não considera o desapontamento nem o arrependimento, emoções muito presentes na tomada de decisões.

CONCLUSÃO SOBRE A TEORIA PROSPECTIVA

A teoria prospectiva considera muitos aspectos importantes no modo como as pessoas tomam decisões. No entanto, essa teoria tem alguns limites:

- pouco contribui na produção de uma **teoria geral de apreçamento**, principalmente pela complexidade gerada pela dependência do caminho (portanto, é difícil construir uma teoria geral de finanças com base nela);

- não lida com emoções como arrependimento e frustração, muito presentes na tomada de decisões das pessoas.

Para ilustrar ainda mais a importância dos pontos de referência em nosso dia a dia (e, consequentemente, a relevância da teoria prospectiva), vejamos alguns exemplos sobre o que as pessoas consideram justo.

Suponha que haja uma falta de carros no mercado. Isso faz os revendedores aumentarem o preço dos automóveis dois mil reais acima da tabela Fipe. Setenta e um por cento das pessoas com poder de compra desses veículos acham essa resolução injusta. Entretanto, se os revendedores estavam vendendo carros dois mil reais abaixo da tabela FIPE e, mediante a escassez de veículos, cancelam o desconto, apenas 42% das pessoas acham injusto.

Vamos a mais um exemplo. Suponha que uma empresa pequena empregue algumas pessoas. Os trabalhadores dessa empresa têm renda igual à média da comunidade. Como os negócios estão difíceis, a proprietária reduz os salários em 10%. Sessenta e um por cento das pessoas acham isso injusto. Agora suponha que essa mesma empresa tenha alguns colaboradores e que eles recebam bônus de 10% todos os anos. Como os negócios estão difíceis, a proprietária elimina o bônus neste ano. Apenas 20% das pessoas acham essa medida injusta.

Vamos ao último exemplo. Considere que uma lata de inseticida custe dez reais. O risco calculado dessa lata é de que, a cada dez mil pessoas, quinze se machuquem. Faz-se uma enquete sobre quanto as pessoas estariam dispostas a pagar para eliminar esse risco. O resultado da pesquisa é R$ 3,78. Suponha, agora, que exista uma lata de inseticida idêntica à anterior, mas que não ofereça nenhum risco. Pergunta-se às pessoas qual redução de preço aceitariam para haver risco de um em dez mil. Setenta e sete por cento disseram que se recusariam a comprar o produto a qualquer preço se o risco fosse aumentado.

Os pontos de referência fazem parte das tomadas de decisão. Em geral, queremos saber o tamanho do pedaço da torta do outro para decidir se o nosso pedaço é justo. Isso está modelado na teoria de utilidade tradicional? Não. E como pode distorcer decisões financeiras? Quando vemos gráficos de preços de ativos formando um piso, ou um teto, quebrando uma resistência. Isso é uma referência? Pode ser. Mas não é racional.

▶ NA PRÁTICA

1 Explique em que consiste a teoria prospectiva.
2 Por que a teoria da utilidade esperada precisa de revisão?
3 O que é a dependência do caminho?
4 Quais são as limitações da teoria prospectiva?
5 Por que os pontos de referência são importantes?

11. VIESES DE PERCEPÇÃO

O viés de percepção surge quando o indivíduo, diante de uma escolha, tem dificuldade em identificar qual problema precisa ser resolvido. Ele aparece, por exemplo, na forma de **saliência**, **viés de apresentação (*framing*)**, **ancoragem** e **custo afundado** (irrecuperável). Existem outros vieses para além desses principais; no entanto, como Kahneman e Tversky (1979) estudaram esses quatro com profundidade, nosso estudo vai focar neles.

SALIÊNCIA

Quando não nos deparamos com algum fato ou comportamento recente, temos a tendência em ignorar a possibilidade de ocorrência desse fato na tomada de decisão. Por exemplo, quem está interessado em comprar seguro contra enchentes, a não ser que tenha vivido uma situação de enchente há pouco tempo? E o seguro contra acidentes de avião, você sabia que pode comprá-lo? Esse tipo de seguro raramente é comprado, a não ser em aeroportos, imediatamente antes do embarque. Outro exemplo (mas esse ligado ao mundo dos economistas): quando a economia está indo bem por um tempo, temores de recessão são ignorados.

A saliência funciona de duas maneiras:

- se um evento não ocorreu recentemente, atribui-se a probabilidade de ele acontecer perto de zero;
- se um evento ocorreu recentemente, a probabilidade de ele acontecer de novo é exagerada.

Vamos discutir um exemplo de distorções com seguros para nos aprofundar no viés da saliência. Foi feita uma enquete sobre qual valor as pessoas estariam dispostas a pagar por um seguro de voo com cem mil reais de cobertura logo após o atentado de 11 de setembro. Para cobertura total, as pessoas pagariam R$ 7,44; para seguro contra terrorismo, pagariam R$ 7,42; por uma apólice que cobrisse tudo, exceto terrorismo, elas pagariam R$ 9,00. Ou seja, naquela época, as pessoas estavam tão preocupadas com o terrorismo que atribuíam a ele basicamente a totalidade dos riscos. Obviamente, quando confrontados com a ideia de que muitas outras coisas poderiam acontecer além de terrorismo, entendiam que aquilo deveria ter um preço maior que a cobertura de terrorismo apenas.

Saliência e recessão econômica: Em 2012, Gennaioli, Shleifer e Vishny escreveram um artigo ("Neglected Risks, Financial Innovation and Financial Fragility") que cria uma teoria de intermediação financeira. A teoria explica o que aconteceu na grande recessão de 2008 com base no viés de percepção saliência. A ideia é basicamente esta: quando a economia está indo bem e a demanda por crédito está alta, a probabilidade de a economia ir mal é percebida como negligível. Depois que a crise passa, o modelo supõe que a probabilidade de as pessoas terem a percepção para cenários econômicos ruins é mais alto do que o real. Essa teoria explica o porquê de o padrão de crédito cair tanto para empréstimos comerciais durante a prosperidade econômica, de modo que pessoas sem renda, sem empregos e sem bens ("people with no income, no jobs and no assets" – os chamados NINJAs) passam a conseguir acessar crédito. Em contrapartida, o padrão de crédito é mais duro em recuperações econômicas.

Um padrão contrário seria mais interessante para a economia, mas a saliência faz com que participantes do mercado e governantes vejam de maneira incorreta o ambiente em que estão trabalhando. <u>Basileia III</u> foi publicado após a crise de 2008 para impor aos bancos uma regra de capital anticíclica para ajudar a conter esse tipo de excesso.

Gennaioli, Shleifer e Vishny mostram que o modelo deles se ajusta bem aos dados. Tentar explicar eventos de crise econômica sem o fato de se atribuir probabilidade baixa a crises durante bonanças dificulta ajustar o modelo aos dados. Eles mostram que esse modelo explica melhor crises do que um no qual todos têm expectativas racionais de que um desastre possa acontecer. A conclusão é que os agentes envolvidos na crise usaram modelos de investimento incorretos que designaram probabilidade negligível a uma crise financeira.

FRAMING OU VIÉS DE APRESENTAÇÃO

É a ideia de que a resposta correta a uma pergunta não deve depender de como a pergunta é feita. Respostas deveriam ser invariantes à ordenação das palavras em uma pergunta, a não ser que o conteúdo perguntado mude. Na prática, porém, é diferente. Vamos retomar o exemplo de Kahneman e Tversky sobre as vidas a ser salvas durante uma pandemia (similar ao analisado no Capítulo 8). Imagine que os Estados Unidos estejam se preparando para lidar com uma pandemia que se calcula letal para cerca de seiscentas mil pessoas. Alguns programas são propostos. Qual deles você favoreceria?

Problema 1

Programa A: chance de salvar duzentas mil pessoas.

Programa B: 33% de chance de salvar seiscentas mil pessoas e 67% de chance de não salvar ninguém.

A maior parte das pessoas escolhe o programa A.

Problema 2

Programa C: quatrocentas mil pessoas vão morrer com certeza.

Programa D: 33% de chance de ninguém morrer e 67% de chance de que seiscentas mil morram.

A maior parte das pessoas escolhe o programa D.

Note que os programas A e C são idênticos, assim como D e B. Então, por que 70% das pessoas escolhem A e 80% escolhem D? Será que a resposta está relacionada com o ponto de referência? Talvez a ideia de salvar duzentas mil pessoas seja irresistível, enquanto a de matar quatrocentas mil pessoas com certeza é odiosa.

Vamos olhar para um segundo exemplo de *framing*: uma pessoa foi diagnosticada com câncer. São apresentadas a ela as seguintes alternativas:

A. 80% de chance de morte iminente e 20% de chance de vida normal, com expectativa de vida de trinta anos.
B. 75% de chance de morte iminente e 25% de chance de vida normal, com expectativa de vida de dezoito anos.

Em expectativa, a alternativa A representa seis anos, e a B, quatro anos e meio. Você fez as contas?

Considere um novo cenário, em que exista uma chance de 25% de que o tumor seja tratável e 75% de que não seja. Se o tumor não for tratável, a morte é iminente; se puder ser tratado, há duas possibilidades:

A. 20% de chance de morte iminente e 80% de chance de vida normal, com longevidade esperada de trinta anos.
B. Certeza de vida normal com expectativa de vida de dezoito anos.

Nesse caso, a primeira possibilidade continua sendo melhor em expectância. No entanto, você que está recebendo essa notícia, é confrontado para decidir entre uma certeza e uma loteria. E as pessoas preferem a certeza automaticamente.

ANCORAGEM

Viés de percepção que surge quando se tenta advinhar algo cuja informação disponível é limitada. Por exemplo: quantas jujubas há em um pote? Difícil advinhar isso. Então, suponha que, no momento em que se está tentando escolher o número, alguém diga que no céu existem mil estrelas. Isso influenciaria o chute?

Outro exemplo é quando se tenta responder a questões relativas a fatos históricos. Em qual século Galileu viveu? Sua resposta seria diferente se tivessem lhe dado os seguintes lembretes: (i) Lembre-se de que Colombo descobriu a América em 1492; (ii) Lembre-se de que a Magna Carta foi assinada em 1215. Ancoragem pode ser caracterizado como pensamento preguiçoso.

CUSTO AFUNDADO

É o fato de os indivíduos não reotimizarem sua tomada de decisão a cada oportunidade. Por exemplo, quando você vai ao restaurante e pede muita comida, termina comendo mais do que o ideal para fazer valer seu dinheiro, mesmo que isso não seja ótimo.

Vamos aprofundar essa ideia analisando outro exemplo: imagine que você pagou duzentos reais para assistir a um *show* de seu cantor sertanejo preferido na quinta-feira da próxima semana. Quando chega o dia, você se dá conta de que tem muita coisa a fazer e não é uma boa ideia ir ao *show*. Então, tenta vender o ingresso, mas não consegue. Pela economia tradicional, você é racional e, como os fatos mudaram, não irá ao *show*. Mas você fica mal com essa situação. Jogará fora os duzentos reais? Por quê? Teoria tradicional não contempla arrependimento.

Um economista argumenta que pagar algo e utilizá-lo são decisões distintas: primeiramente, compra-se a opção de ir ao *show*; depois se escolhe ir a ele, se for possível. O custo do ingresso é visto como um custo afundado: a escolha ótima não deveria depender dele. Para os mais matemáticos: pense na condição de primeira ordem de um problema de otimização; o custo fixo nunca está lá.

Agora, imagine que você perca o ingresso no caminho, indo para o *show*. Suponha, nesse caso, que você realmente queira assistir ao seu cantor sertanejo favorito. Você compra um novo ingresso? Se, no caminho para o *show*, em vez de perder o ingresso, tivesse perdido duas notas de cem reais, reagiria de modo diferente? Quando você perde dinheiro, pode ser que não associe o dinheiro perdido ao *show*. Mas se perde o *ticket* do *show*, não há como não fazer essa associação. Esse exemplo é parecido com o de um investidor pensando em comprar a ação depois de um rali (sucessivas altas do preço da ação). O que importa não é quanto já subiu, mas quanto vai subir!

Vieses de percepção colidem com o paradigma de maximização da utilidade que permeia a teoria econômica e de finanças. Como já vimos nos capítulos anteriores, emoções como arrependimento não são modeladas na função utilidade. Na vida real, psicólogos descobriram que emoções têm um impacto relevante na maneira como as escolhas são feitas; em especial o arrependimento e a forma como as pessoas são vistas por terceiros na hora de fazer escolhas influenciam consideravelmente as decisões.

▶ NA PRÁTICA

❶ Quando e por que recessões iminentes podem ser ignoradas por economistas?

❷ Por que a forma como as perguntas são feitas pode influenciar no processo decisório? Como isso ocorre? Como esse tipo de viés é chamado?

❸ Por que os vieses de percepção vão de encontro ao paradigma da maximização da utilidade?

12. CAUSALIDADE E ESTATÍSTICA

No dia a dia, vivenciamos uma série de situações corriqueiras em que nos valemos de observações/constatações do passado para chegar a conclusões a respeito de fatos presentes. A maneira como nós, seres humanos, utilizamos informação para tomar decisões não evoluiu de modo infalível. Em geral, atribuímos peso demais a algumas observações, ou peso de menos a outras, ao tomarmos decisões. Neste capítulo, abordaremos alguns erros comuns que as pessoas podem vir a cometer com vieses estatísticos.

REPRESENTATIVIDADE

É um viés em que a saliência de uma característica termina por distorcer a inferência das pessoas sobre a probabilidade de determinado evento de fato suceder. O exemplo mais típico da literatura traz a descrição de um homem tímido e o posterior questionamento sobre sua ocupação. Em geral, as pessoas atribuem mais probabilidade de o homem ser bibliotecário, em comparação com a profissão de vendedor – apesar de no mundo existirem desproporcionalmente mais vendedores que bibliotecários. (Adiante descrevemos o exemplo com mais detalhes.)

A ideia de que as pessoas tomam decisões com base na representatividade está muito ligada à existência de **estereótipo**, que é uma crença fixa, ultrassimplificada e amplamente aceita sobre pessoas, coisas ou lugares. Estereótipos estão em todas as situações, por exemplo: japoneses são bons em Matemática; a elite torce para o São Paulo ou para o Fluminense; mulheres são péssimas motoristas; na Flórida só há idosos; os holandeses são altos e os irlandeses são ruivos. É claro que a maior parte dos estereótipos não é verdadeira: só 10% dos irlandeses são ruivos e a distribuição de pessoas boas em Matemática tem pouca relação com etnia e gênero. Mas os holandeses são altos, sim!

Os estereótipos podem mudar. No início do século XX, nos Estados Unidos, os judeus eram estereotipados como religiosos e subeducados; hoje, são vistos como um povo de muitas conquistas.

As Ciências Sociais produziram três visões amplas sobre estereótipos segundo Bordalo, Coffman, Gennaioli e Shleifer no artigo intitulado "Stereotypes", publicado em 2016 no *The Quarterly Journal of Economics*. Vamos discuti-las a seguir.

1. A abordagem **econômica** de Phelps (1972) e Arrow (1973) enxerga os estereótipos como uma manifestação de **discriminação estatística** baseada em expectativas racionais. Discriminação estatística significa entender como os resultados socioeconômicos de um grupo específico são afetados por estereótipos. Arrow, em seu artigo "The Theory of Discrimination", procurou entender, no começo dos anos 1970, como empregadores tomavam decisões e se, porventura, tais decisões eram baseadas em estereótipos (por exemplo, "brancos são mais produtivos que negros"). O autor constatou que empregadores tinham a percepção de que brancos têm mais anos de estudo do que negros por razões históricas e legado da escravidão e, portanto, tomavam consistentemente a decisão de contratar pessoas brancas, porque acreditavam que esse grupo era mais produtivo. Imagine, então, a situação na qual duas candidatas, uma negra e uma branca, com o mesmo nível

educacional, estejam se candidatando a uma mesma vaga de trabalho. A pessoa que toma a decisão de contratar pode avaliar o currículo de ambas e ver sua etnicidade. Mas ela não pode, no momento da entrevista, avaliar e comparar a produtividade das duas. Então, escolhe a candidata branca, pois, no lugar onde vive, brancos são reconhecidos como pessoas com mais anos de estudo e negros, com menos. Logo, estará escolhendo considerando que a pessoa terá maior potencial de produtividade.

A discriminação estatística pode afetar traços de alguns grupos em equilíbrio, mas ela não endereça a principal questão: o fato de os estereótipos serem vieses de percepção de indivíduos e não serem acurados de forma geral.

Em 1998, o próprio Arrow escreveu no *Journal of Economic Perspectives*:

> It is natural to suppose that economic analysis can cast light on the economic effects of racial discrimination. But its pervasiveness must give us pause. Can a phenomenon whose manifestations are everywhere in the social world really be understood, even in only one aspect, by the tools of a single discipline?[5]

---

5   É natural supor que a análise econômica lança luz aos efeitos econômicos da discriminação social. Sua perversidade, entretanto, nos faz parar por um instante e pensar: pode um fenômeno social do tamanho da discriminação racial, que se manifesta em diversas situações do espectro social, ser entendido com profundidade, mesmo que um de seus aspectos, pelas ferramentas de uma única disciplina? (Tradução livre.)

Na mesma publicação, Arrow continua dando exemplos de discriminação contra pessoas negras nos Estados Unidos:

> Before any legal steps were taken to address economic discrimination, it existed in perfectly open form, with no need for subtle economic analysis. [...] It was simply well known that most good jobs were not available to blacks. [...] During the U.S. participation in World War II, the no-strike pledge by labor unions was well-honored, with one glaring exception: when the Philadelphia rapid transit system, caught in the wartime labor shortage, tried to hire blacks, the workers went on a successful strike to prevent the attempt. [...]
>
> One point of this reminder of the past is to remind us that any theory of racial discrimination, including any theory of its economic implications has to be consistent with these patent facts. A second point is to raise the possibility that such a widespread set of values is likely to change only slowly.[6]

---

6   Antes da elaboração de arcabouços legais nos EUA para endereçar a discriminação racial econômica, ela existia de forma completamente escancarada, sem a necessidade de quaisquer análises mais sutis. [...] Era simplesmente muito bem sabido e aceito que a maioria das boas oportunidades de emprego não estariam disponíveis para negros. [...] Um exemplo é que durante a participação dos EUA na Segunda Guerra Mundial nenhuma greve operária promovida por sindicatos perdurou ou foi bem-recebida. Com uma exceção: quando a entidade que monitora o trânsito da Filadélfia se viu sem pessoas suficientes para fazer o trabalho, por conta do efetivo ter sido convocado à guerra, uma bem-sucedida greve dos operários emplacou para que negros fossem impedidos de ser contratados. O que esse ponto nos lembra é que qualquer teoria de discriminação racial, incluindo quaisquer teorias que descrevam suas implicações econômicas, deve ser consistente com esses fatos, repetidos na sociedade a todo o momento. Importa ressaltar que, dados os fatos, a mudança de percepção e entendimento desse tipo de valores incrustados em uma sociedade é lenta. (Tradução livre.)

Vinte e dois anos após essa publicação e três anos depois da morte de Arrow, vivemos para assistir aos protestos pela morte de George Floyd em 2020. As normas sociais mudam devagar.

2. Outra abordagem é a **sociológica**. Adorno *et al.* (1950) analisa os estereótipos como fundamentalmente incorretos, sendo eles generalizações grosseiras e degradantes de traços de grupos que refletem os preconceitos daqueles que justamente os constroem. Ou, ainda, grupos sociais que foram historicamente maltratados como minorias étnicas e raciais continuariam a sofrer com o estereótipo porque poderosos desejam perpetuar falsas crenças sobre eles, como em Glaeser (2005).

Talvez essa abordagem possa ajudar a descrever o caso dos negros nos Estados Unidos, mas ela também é incompleta, na medida em que há muitos estereótipos positivos, como o dos japoneses com a Matemática, ou justos, como o dos irlandeses e holandeses. O fato de estereótipos mudarem pode significar alguma conexão com a realidade. Note que o argumento não é sobre a conexão com a **verdade**, mas, sim, com a **realidade**. A realidade pode ser viver em uma sociedade racista ou homofóbica; portanto, um esforço social que lute pela mudança da estereotipização da pessoa negra ou da pessoa *trans*, por exemplo, pode ser importante para justamente mudar o estereótipo aceito pela sociedade.

3. A terceira abordagem, que os economistas, em geral, pensam ser a explicação prevalente para a maioria dos casos hoje em dia, é a de **cognição social**, baseada na psicologia social (Schneider 2004). A ideia é que estereótipos sociais são casos especiais de esquemas ou teorias cognitivas. Essas teorias são generalizações intuitivas que indivíduos usam rotineiramente no seu dia a dia

e, com isso, poupam recursos cognitivos. Nesse sentido, os estereótipos seriam uma representação mental de diferenças reais sobre grupos, permitindo um processamento mais fácil de informação. Esses estereótipos são esquemas sociais que já existem na sociedade antes de os indivíduos existirem e/ou inerentes à sociedade na qual estão inseridos. No entanto, estereótipos são seletivos, localizados em características marcantes de cada grupo e, portanto, têm alguma conexão com a realidade. Ou seja, o estereótipo é uma regra de bolso provavelmente cheia de falhas, tal que, em algum momento histórico, fez sentido ser utilizada.

Essa última abordagem está intimamente ligada à outra ideia da psicologia segundo a qual indivíduos tomam decisões sobre julgamentos probabilísticos com base em regras de bolso. Assim como heurísticas simplificam a análise de problemas probabilísticos complexos, elas também causam problemas de julgamento.

Agora, tomemos um exemplo similar ao que Kahneman e Tversky utilizam para ilustrar o viés da representatividade. Suponha que Tomás seja um estudante de pós-graduação na Universidade de São Paulo (USP). Para que o exemplo faça sentido, ranqueie o campo de estudo de Tomás da maior para a menor probabilidade:

- Administração de Empresas
- Ciências da Computação
- Engenharia
- Ciências Humanas e Educação
- Direito
- Medicina
- Biblioteconomia

- Física e Biologia
- Ciências e Assistência Social

A maioria das pessoas ranqueia as áreas do conhecimento de acordo com o número de alunos que cada uma tem. O que faz todo sentido. Agora, acrescente estas informações sobre Tomás: "Tomás é bastante inteligente, apesar de não ser muito criativo. Ele tem necessidade de clareza e ordem, além de sistemas bem organizados. Sua capacidade de escrever é mecânica, ocasionalmente com algumas pitadas de ficção científica. Ele não tem muita empatia por outras pessoas". Sabendo disso, faça um novo ranqueamente para identificar o curso de pós-graduação mais provável de Tomás.

Essa descrição foi construída especificamente para lembrar estereótipos dos departamentos universitários. Com base nessa descrição, como mudam os ranqueamentos que as pessoas fazem? Completamente! As pessoas ajustam muito a probabilidade de o indivíduo pertencer a um departamento pequeno, como o de Ciências da Computação, com base nessa descrição. Elas claramente sobrevalorizam uma descrição com informação limitada.

Qual é a forma correta de calcular isso? Com **probabilidade condicional**:

$$P(A|B) = \frac{P(A\&B)}{P(B)},$$

em que A é a probabilidade de um pós-graduando específico estar estudando em um departamento, enquanto B é a probabilidade de um pós-graduando ter o perfil de personalidade descrito. Vamos fazer os cálculos para ficar claro.

Departamento	(i) Distribuição de alunos	(ii) Alunos com o perfil de Tomás	P(A&B) = (i) × (ii)	P(A|B)
Administração de Empresas	10%	30%	3%	12%
Ciências da Computação	5%	70%	3,5%	14%
Engenharia	10%	45%	4,5%	18%
Ciências Humanas e Educação	35%	20%	7%	28%
Direito	10%	20%	2%	8%
Medicina	12%	15%	1,8%	7,2%
Biblioteconomia	3%	40%	1,2%	4,8%
Física e Biologia	5%	30%	1,5%	6%
Ciências e Assistência Social	10%	5%	0,5%	2%
Total	100%	–	25% P(B)	–

Compare essas probabilidades condicionais com a distribuição inicial de alunos e note que ela é alterada **marginalmente**. No entanto, nossa intuição sugere mudanças desproporcionais na probabilidade atribuída. Por exemplo, mesmo com aquele perfil descrito, Tomás ainda tem 3,5 vezes mais chances de pertencer ao departamento de Ciências Humanas que ao de Ciências da Computação.

Bordalo, Gennaioli, LaPorta e Shleifer, em artigo de 2019, desenvolveram um modelo que assume a representatividade como característica inerente dos agentes econômicos. Eles chamam esse modelo de **expectativas por diagnóstico**. A ideia é esta: se uma ação começa a ter bom desempenho, ela pode ser o novo Google. É o estereótipo funcionando. Mais especificamente, se uma ação começa a subir, ela lembra a característica mais saliente de empresas como o Google;

então, ela pode ser o novo Google! O fato de ela subir por algum período, entretanto, não deveria alterar tão rapidamente sua chance de ser uma das maiores empresas do mundo. Por mais que exista uma possibilidade, os agentes acabam por exagerar a mudança de probabilidade e isso pode gerar sobrerreação nos mercados, volatilidade excessiva e bolhas!

FALÁCIA DA JUNÇÃO

Imagine uma pessoa com a mesma descrição do nosso Tomás: "Tomás é bastante inteligente, apesar de não ser muito criativo. Ele tem necessidade de clareza e ordem, além de sistemas bem organizados. Sua capacidade de escrever é mecânica, ocasionalmente com algumas pitadas de ficção científica. Ele não tem muita empatia por outras pessoas".

Agora, ranqueie em ordem de probabilidade as seguintes afirmativas:

1. Tomás é técnico em computação.
2. No verão, Tomás tira férias no Espírito Santo.
3. Tomás gosta de assistir a voleibol.
4. Tomás é jardineiro.
5. Tomás sonha acordado.
6. Tomás encontra-se com sua família estendida quatro vezes ao ano.
7. Tomás é jardineiro e adora jogar SimCity.

Esse experimento é muito parecido com o que Kahneman e Tversky conduziram nos anos 1980. Todo o interesse está nas afirmativas 4 e 7. É impossível que a última afirmativa seja tão provável quanto a quarta! No entanto, a maioria dos participantes escolhe a sétima como a mais provável. Essa escolha persiste mesmo quando as afirmativas são vistas isoladamente. Ou seja, só se ranqueiam a quarta e sétima alternativas, ignorando todas as outras. O ponto é que, quando se associa o fato de Tomás ser jardineiro ao fato de jogar SimCity, o foco vai para essa opção, e acontece a falácia da junção!

Isso tem implicações importantes para o mercado financeiro. Veja este exemplo: imagine que uma ação específica tenha exibido um retorno muito alto recentemente. De qual grupo é mais provável que essa ação seja parte?

- Todas as ações ordinárias.
- Ações de tecnologia com lucros elevados.

Se a falácia da junção entrar em ação, é possível encontrar investidores escolhendo a segunda opção como a mais provável. O fato é que a segunda opção está contida na primeira!

ENXERGANDO NO ALEATÓRIO

Suponha que seu amigo decida jogar uma moeda para cima dez vezes e acompanhar os resultados. Vamos chamar cara de K e coroa de C. Considerando os dez lançamentos consecutivos, qual dos seguintes resultados é o mais provável de ocorrer?

- KC KC KC KC KC
- KK KK KK KK KK
- CC CC CC CC CC
- KC CK CC CK KK

A resposta parece óbvia para muitos: os três primeiros resultados parecem muito menos prováveis de ocorrer, enquanto o último parece mais aleatório. O fato é que existem 1.024 alternativas nesse processo e todas têm a mesma chance de ocorrer. Isso reflete a natureza dos seres humanos que tentam, incansavelmente, encontrar ordem no mar de caos.

De um ponto de vista evolucionário, essa lógica pode fazer sentido. Imagine dois coletores. O primeiro tenta entender se há um padrão de vegetação das árvores frutíferas. O segundo não faz nenhuma associação. O primeiro tem, em média, mais chances de obter êxito.

Mas esse instinto pode ser catastrófico no mercado financeiro! Operadores grafistas que examinam preços de ações para tomar decisões de compra e venda podem estar tirando informação do aleatório e apostando nisso. Seguir esse instinto pode ser bem apelativo. Vamos voltar ao exemplo da moeda e imaginar que, se sair cara, o preço da ação sobe um real e se sair coroa, cai o mesmo valor. Esse exemplo pode ser representado graficamente:

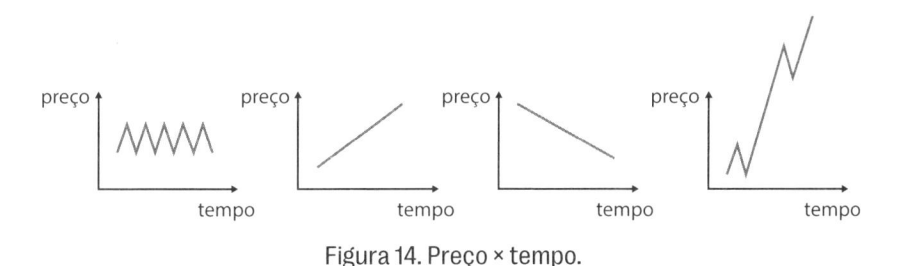

Figura 14. Preço × tempo.

É muito tentador dizer que os três primeiros casos seguem padrões e que o último é aleatório. Gestores de fundos podem ganhar do *benchmark* por dez anos por que tiraram K dez vezes. Esse é o ponto de Malkiel em seu livro *A Random Walk Down Wall Street*, como vimos no primeiro capítulo deste livro.

VIÉS DA PEQUENA AMOSTRA

Imagine ouvir a seguinte afirmativa: "Um número desproporcional de alunos com alto desempenho pertence a escolas pequenas". Quando ouvimos essa frase, pensamos em razões pelas quais isso possa fazer sentido, como: (i) escolas pequenas têm mais chance de dar melhor atenção aos alunos; ou (ii) muitas escolas pequenas são privadas e têm mais recursos por alunos; ou ainda (iii) escolas para os bem-dotados são menores.

Agora, imagine ouvir esta afirmativa: "Um número desproporcional de alunos com baixo desempenho pertence a escolas pequenas".

Ambas as afirmativas são verdadeiras porque resultados extremos são mais improváveis em grandes amostras. Esse resultado foi popularizado por Kahneman e Tversky e ficou conhecido como a "lei dos pequenos números", segundo a qual quanto menor for a amostra, mais extremos são os resultados. Jacob Cohen mostrou que pesquisadores profissionais usam de forma habitual amostras pequenas demais para uma inferência estatística adequada. Se profissionais fazem isso, imagine leigos!

No mundo do mercado financeiro, esse problema pode surgir caso um *trader* use dois anos de dados para verificar um padrão que, na realidade, tem um processo gerador que data de muito mais tempo. Assim, o *trader* pode acabar tomando decisão com base em informações incompletas.

A LEI DOS PEQUENOS NÚMEROS NO DIA A DIA

Para ilustrar a lei dos pequenos números, note se você já se viu em uma situação como esta.

Carlos e Pedro foram para um *happy hour* depois do trabalho. Conversa vai, conversa vem, Pedro se volta para Carlos e diz:

– A Fernanda está ganhando muita grana. Ela me deu o caminho das pedras. Ela me contou que tudo o que fez foi colocar cinco mil reais em ações da Magalu. Subiu 19.000%! Eu já abri uma conta na corretora e já transferi o dinheiro. Você tem que fazer o mesmo!

Essa história ilustra, com uma situação do dia a dia, a lei dos pequenos números. Vamos aos fatos: de 2015 a 2019, as ações da Magalu valorizaram tanto assim por que a empresa passou por uma reestruturação completa de seus fundamentos. Estava para quebrar.

> Ninguém queria comprar ações da Magalu antes de 2015. A empresa se reorganizou e voltou a crescer. Isso significa que as pessoas que investiram na empresa nesse período de 2015 e mantiveram seu investimento até 2019 podem ter visto seu investimento valorizar 19.000%. Se você colocasse dinheiro nas ações da Magalu no dia 7 de outubro de 2020, por exemplo, seu investimento valorizaria quanto em quatro anos? 19.000%? Provavelmente não. Isso significa que Carlos provavelmente se desapontará se seguir a recomendação do amigo.

DESPREZO À PROBABILIDADE

Quando se pergunta às pessoas "AVCs matam mais que acidentes de trânsito? O que causa mais mortes: tornados ou asma? É mais provável morrer por botulismo ou atingido por um raio?", a maioria tende a sobrestimar a probabilidade de eventos sobre os quais têm boa memória de histórias.

Como respostas a essas perguntas, 80% responderam erroneamente que acidentes matam mais que AVCs; a maioria acha que tornados matam mais que asma, apesar de esta última ser vinte vezes mais mortal; e a maior parte acredita que morte por raio é menos provável que por botulismo, apesar de a letalidade dos raios ser 52 vezes maior. A cobertura da mídia ajuda nesse viés. Por exemplo, suicídios são noticiados com cautela ou, muitas vezes, não são noticiados para evitar incentivar esse ato. Mortes por raios não são interessantes, não têm culpado, não vendem jornal. Quantas vezes você viu notícias de mortes por raio na imprensa? Certamente poucas vezes.

▶ NA PRÁTICA

❶ Discorra sobre as três visões teóricas em relação a esterótipos e sobre o viés da representatividade.

❷ Por que aquilo que aparenta aleatório pode atrapalhar a tomada de decisões?

❸ Como a lei dos pequenos números pode produzir más decisões em investimentos?

❹ Explique o conceito de "expectativas por diagnóstico" e justifique como isso pode afetar o mercado de capitais.

13. ILUSÕES

A capacidade humana de prever a probabilidade dos eventos futuros se apoia, em parte, em nossa habilidade de fazer inferência com base nas observações do passado. A teoria econômica tradicional assume que nós temos capacidade de aprender com o passado de maneira objetiva. Psicólogos, por sua vez, mostraram que os seres humanos têm limitações persistentes nesse sentido.

Ilusões cognitivas são um subconjunto dessa limitação persistente. Um viés cognitivo é um descolamento da capacidade de inferência objetiva que leva a uma distorção da percepção ou do entendimento. No limite, as pessoas podem ter uma tendência a sobrestimar o impacto causado por elas nos resultados atingidos. Um exemplo é a quantidade de pessoas que superestimam sua capacidade de obter impactos significativos no mercado financeiro. Vamos avaliar com mais profundidade alguns conceitos ilustrados por fatos documentados.

ILUSÃO DE TALENTO

Um dos maiores sucessos na indústria de *videogames* foi o Madden NFL, que levava o nome do jogador famoso de futebol americano, John Madden. Ele aparecia na capa de todos os jogos. Em 1999, a empresa que desenvolveu o jogo mudou sua estratégia comercial e decidiu que

Madden não ocuparia mais a capa do jogo indefinidamente: a capa seria do jogador que mais se destacasse no ano anterior.

O que aconteceu após essa decisão? Em geral, o jogador que ia para a capa do jogo de *videogame* do Madden tinha um desempenho muito ruim no ano subsequente. Isso ficou conhecido como "a maldição do Madden".

Esse exemplo ilustra situações em que as pessoas atribuem muito peso a uma observação de sucesso para, por exemplo, julgar quanto talento tem um jogador. A esta altura do livro, você, leitor ou leitora, já tem a resposta na ponta da língua: essa estratégia é fadada ao fracasso, já que boa parte do sucesso se deve à sorte, e o desempenho do jogador, por sua vez, no limite, reverte-se à média!

ILUSÃO DE HABILIDADE

Um viés cognitivo relacionado à ilusão de talento é a ilusão de habilidade. As pessoas tendem a acreditar que têm boa habilidade para executar uma tarefa em particular, quando a evidência mostra que as chances de elas, de fato, possuírem habilidade acima da média é meramente aleatória. Por exemplo, Malkiel mostra, em seu livro *A Random Walk Down Wall Street*, que gestores de recursos em média não batem o *benchmark*.

Barber e Odean (2000) mostram que investidores amadores são sobreconfiantes em sua habilidade, girando quase 75% de sua carteira ao ano.[7] Como resultado, os autores demonstram que essa não é uma boa atitude: as ações vendidas foram 3,2% ao ano melhores, em média, que as compradas. Kahneman (2011) também analisou o

---

7   "Girar a carteira" significa ficar mudando os ativos, por exemplo, as ações que você carrega. Contrapõe-se a comprar ações e deixá-las encarteiradas por anos.

desempenho de gestores de recursos e não encontrou persistência de sucesso no tempo.

Em um artigo de Barber e Odean de 2001 intitulado "Boys Will be Boys: Gender, Overconfidence, and Common Stock Investment", demonstra-se que, em áreas como finanças, homens são mais confiantes do que mulheres. Os autores encontraram que homens fazem 45% mais *trades* do que mulheres. O resultado disso é uma redução de 2,65 pontos percentuais dos retornos líquidos nos portfólios dos homens no ano contra 1,72% das mulheres.

ILUSÃO DE SUPERIORIDADE

Investidores profissionais tendem a acreditar que a maioria das pessoas não pode ganhar do mercado. São esses os mesmos investidores que acham que podem vencer o mercado! As pessoas tendem a associar a elas mesmas mais adjetivos positivos do que negativos, o que constitui a ilusão de superioridade. Em resumo, esse viés implica que uma pessoa média acredita estar acima da média. Soa familiar?

Esse comportamento tem consequências importantes para o mercado financeiro, na medida em que gestores de recursos só são remunerados por terem desempenho acima da média de forma consistente.

Será que muitos gestores e investidores sofrem dessa ilusão?

ILUSÃO DE VALIDADE

Indivíduos tendem a acreditar em conclusões obtidas por meio de uma pequena amostra de dados. Kahneman (2013) dá como exemplo o fato de a escolha de oficiais do exército de Israel ser feita com base em poucos dados. Fica-se tentando demonstrar que a escolha do candidato ou da candidata é válida, mesmo sem evidência que possa embasá-la.

Diferentemente, quando indivíduos avaliam previsões incorretas que fizeram, sobre-estimam o impacto do aleatório – por exemplo, o azar do mau tempo – e subestimam sua contribuição para o erro.

Outro viés parecido é a ilusão do controle. Indivíduos pensam ter mais controle sobre eventos aleatórios do que, de fato, o têm. Por exemplo, pessoas acham que têm mais sorte quando, em um jogo, elas mesmas lançam os dados.

O IMPACTO DE ILUSÕES COGNITIVAS

Ilusões cognitivas têm um impacto potencial profundo em mercados financeiros. Existe bastante evidência de que gestores profissionais e amadores sofrem da ilusão de habilidade. Isso significa, em outras palavras, que operam demais seus portfólios e engordam o lucro das corretoras. Os seres humanos tendem a atribuir muito do desempenho passado à sua intervenção, não à sorte. Essa avaliação inadequada do que ocorreu no passado pode ter efeitos reais na economia, como a má alocação de recursos. Durante a bolha das empresas pontocom, no começo dos anos 2000, o capital disponível foi superalocado para a tecnologia, por exemplo.

Veja alguns exemplos do dia a dia sobre ilusões cognitivas:

- Quatro em cinco *startups* falham, mas ninguém que começa uma empresa assume que estará entre as quatro. Um retrato do excesso de confiança.
- Amanda nunca oferece carona. Ontem, ela deu carona a uma mulher e foi assaltada. Fernando sempre dá carona. Ontem, ele deu carona a um homem e foi assaltado. Quem se arrependerá mais?

PENSANDO RÁPIDO E DEVAGAR E OS VIESES COGNITIVOS: UMA CONCLUSÃO

Pensar rápido é, em larga medida, um resultado da evolução. Pensar devagar, por outro lado, provavelmente, é o método adequado para tomar decisões importantes (quando se tem tempo). É importante se disciplinar para isso.

Alguns desses vieses cognitivos podem ser bons para a sociedade como um todo. Por exemplo: o excesso de otimismo faz com que mais ações sejam realizadas socialmente, porque as pessoas têm coragem para empreender, apesar de a chance de sucesso ser uma em cinco.

▶ NA PRÁTICA

1. Como a ilusão da habilidade pode produzir maus investimentos?
2. Como, em geral, as ilusões afetam o comportamento dos investidores?

O QUE DIZEM OS PREÇOS

14. INVESTIMENTO CONTRÁRIO: REVERSÃO À MÉDIA

A Hipótese dos Mercados Eficientes (HME) implica que os preços das ações são dados pelo fluxo futuro de dividendos trazidos a valor presente. Isto é, preços não devem apresentar correlação serial e não deve haver reversão à média ou outros padrões que impliquem preços de ativos predizíveis.

Em 1985, DeBondt e Thaler publicaram um artigo chamado "Does the Stock Market Overreact?" mostrando evidência muito forte de reversão à média. Eles dividiram as ações em dois grupos: o dos vencedores nos primeiros três anos (W) e o dos perdedores (L) no mesmo período de tempo. Eles investigaram o desempenho desse grupo de ações nos três anos consecutivos, notando que o grupo W tinha um múltiplo de preço sobre lucro bastante elevado.

A evidência de reversão à média (que, por sua vez, é uma forma de correlação serial) é muito forte, e boa parte do efeito ocorre no mês de janeiro. Mais especificamente, eles encontraram que: portfólios L têm melhor *performance* que portfólios W de forma consistente, nos três anos consecutivos, 19,6% melhor do que o mercado ao final do período. Por outro lado, portfólios W têm *performance* consistentemente pior de 5% em relação ao mercado ao final dos três anos. A principal diferença no retorno ocorre no segundo e terceiro anos e os principais perdedores tornam-se os principais ganhadores, e vice-versa.

FAMA E FRENCH

O artigo de 1992 de Fama e French acendeu uma chama na ampla aceitação do CAPM e enfraqueceu bastante a aceitação da HME. Fama e French eram vistos como defensores da HME; por isso, um estudo deles com um resultado tão forte contra a Hipótese dos Mercados Eficientes significou muito para a profissão – mesmo que não tenha sido a intenção dos autores ir contra a HME. Dizer que o múltiplo valor contábil/valor de mercado é importante para determinar retornos das ações é ir diretamente contra a ideia de que as ações são imprevisíveis e seguem um processo de passeio aleatório – a não ser que exista um fator de risco que esse múltiplo esteja medindo e, portanto, afetando o retorno das ações.

Depois desse artigo, a HME ficou *sub judice*. Hoje, se você for a qualquer *boutique* de investimentos, gestores vão dizer que fazem *value investing*, ou seja, olham o valor contábil/valor de mercado para avaliar se investem ou não naquela empresa. Olhando para trás, foi esse *paper* que transformou o mercado de investimentos e criou esse consenso.

O principal resultado de Fama e French foi que ações com maior *book-to-market ratio* obtiveram maior retorno de mercado. Note que *book value* é o patrimônio líquido retirado do balanço das empresas, derivado da equação fundamental da contabilidade ativos – passivos = = patrimônio líquido:

> *Book-to-market* = patrimônio líquido/valor de mercado =
> = patrimônio líquido/preço das ações multiplicado
> pelo número de ações

A forma mais simples de pensar sobre *book-to-market* é pensar no numerador como algo fixo, de modo que, quando o preço das ações cai muito, o *book-to-market ratio* sobe muito.

Como dissemos no início deste livro, os professores Graham e Dodd foram os responsáveis pelo desenvolvimento do conceito de *value investing*. *Value investors* da linhagem criada por eles nos anos 1920 ficaram animados com a ideia de que ações baratas podiam ter melhor desempenho do que ações caras, interpretadas como ações com o *book-to-market ratio* (B/M) baixo. *Value investors* não acreditavam na HME e argumentavam que o resultado de Fama e French foi sua real capitulação. Afinal, o resultado desse fatídico artigo significava que preços de ações são, enfim, previsíveis. Fama e French, no entanto, não demonstraram nenhuma perturbação quanto à validade da HME. Segundo eles, tamanho e B/M são uma *proxy* (aproximação) para algum risco e, portanto, não significam que preços são previsíveis. Mais de duas décadas se passaram e ninguém descobriu qual é esse risco que está sendo aproximado.

Como Fama e French eram árduos defensores da HME, esse artigo despertou profissionais da área de finanças para revisitar trabalhos anteriores que encontravam evidência de previsibilidade dos preços das ações, como DeBondt e Thaler (1985). Esses autores encontraram evidência de reversão à média dos preços das ações. Eles descreveram tal constatação como uma sobrerreação, ou seja, ações sobrerreagem às notícias e, depois, revertem à média.

Para DeBondt e Thaler, uma maneira de ver a reversão à média equivale ao B/M de Fama e French no sentido de que, se ações sobrerreagem, as que possuem razão mais alta (B/M mais elevado) vão subir inicialmente e, depois, reverterão. Além disso, nas duas décadas que se seguiram, houve uma enxurrada de novos trabalhos que mostravam a previsibilidade do retorno dos preços históricos das ações. De modo gradual, isso foi mitigando o consenso sobre HME entre os economistas.

A pergunta que fica é: por que, quando os resultados de DeBondt e Thaler saíram, quase dez anos antes de Fama e French, eles foram ignorados? Ou seja, se foi descoberto que comprar perdedores de três anos e vender vencedores daria um retorno extraordinário, por que ignorar o resultado?

Uma das razões é que, se todos já sabiam, então os resultados poderiam ser arbitrados e o retorno extraordinário poderia desaparecer do mercado. Outra razão pela qual os resultados não fizeram sucesso foi o fato de acharem que eles dependiam da *performance* de ações pequenas e com baixa liquidez. Em outras palavras, pensou-se que, talvez, esse resultado era o prêmio pela baixa liquidez das *small caps* (ações com baixa capitalização no mercado). Outro possível motivo foi a ideia de que os resultados não se sustentariam, uma vez que se levassem em conta os custos de transação.

Em resumo, Fama e French foram os grandes fomentadores da agenda de pesquisa que estamos estudando: finanças comportamentais. Foram eles que abalaram as estruturas da HME, mesmo que no artigo que tenham publicado isso não tenha sido dito. Ao contrário, estão todos ainda procurando o risco que é aproximado por B/M e pelo tamanho da capitalização das empresas.

Mais recentemente, Fama e French revisitaram o CAPM e adicionaram dois novos fatores: a rentabilidade das empresas e as despesas de capital. Silva (2019), em sua dissertação de mestrado na Escola de Economia de São Paulo da Fundação Getulio Vargas (FGV/EESP), aplicou o modelo de Fama e French para o mercado brasileiro em 2019 e encontrou os seguintes resultados: o fator "tamanho da empresa" apresentou o maior coeficiente positivo, sugerindo que quanto maior for o diferencial entre o tamanho das empresas pequenas e grandes, mais elevado será o retorno das ações das companhias menores. Os outros fatores do artigo original Fama e French, isto é, o β e

B/M, também são significativos ao analisar a amostra inteira de 2001 a 2018 compreendida no artigo.

Em síntese, o investimento contrário tem uma longa história no mercado de ações. *Value investing* é isso! *Contrarian investing* significa, justamente, que você compra ações que outras pessoas não gostam. A pergunta que fica é: como sabemos disso? Sabemos por que essas ações têm preços baixos comparados aos seus lucros ou ao seu patrimônio líquido. Essa é exatamente a mensagem de Fama e French e de DeBondt e Thaler.

Essa tese, entretanto, pode ser desafiada em um período de disrupção tecnológica como ao que estamos assistindo agora. Quem compra valor sofre muito, porque as empresas disruptivas, por mais que pareçam caras, não param de crescer e de criar novo valor. As empresas de tecnologia como Google, Facebook, Apple, Netflix desafiaram o *value investing* nos últimos quinze anos. Em 2020, a pandemia da covid-19 veio coroar esse período aprofundando ainda mais a distância entre o desempenho das empresas disruptivas com crescimento e das empresas com valor. Nos últimos vinte anos, empresas de crescimento têm apresentado retornos superiores aos das empresas com valor.

O MÊS DE JANEIRO

No artigo de Fama e French, mostrou-se que o coeficiente para B/M em janeiro é duas vezes o de fevereiro a dezembro. Ou seja, o principal impacto do *valuation* nos retornos das ações acontece em janeiro. Essa não foi a primeira vez em que o "efeito janeiro" apareceu na literatura, mas não deixa de ser impressionante.

Roll (1983) e Kim (1983) identificaram que o mês de janeiro era importante para o efeito "tamanho da empresa". Fama e French encontraram o mesmo fenômeno para o tamanho. Nos estudos de DeBondt e Thaler, janeiro também é o período responsável pelo retorno excedente do portfólio perdedor. Embora Fama e French e DeBondt e

Thaler tenham utilizado os dados de maneiras distintas, eles implicam o mesmo efeito? Ou existiria um terceiro fato acontecendo em janeiro, que geraria esses resultados?

As interpretações de Fama e French e DeBondt e Thaler se encaixam na ideia de *overeaction*, ou seja, os mercados tendem a sobrerreagir aos fatos. Quando uma boa notícia alcança uma ação, essa ação fica imune às más notícias, e a euforia reina. No entanto, quando chegam suficientes más notícias, o sentimento muda e a sobrerreação pende para o lado negativo.

DeBondt e Thaler veem a sobrerreação como uma questão de finanças comportamentais. Eles não procuram riscos escondidos. Os autores citam exemplos de Kahneman e Tversky e até de Keynes para justificar a hipótese. Uma descrição mais simples do fenômeno seria a ingenuidade dos investidores. Isso foi proposto por três autores que depois montaram uma empresa de gestão de recursos bem-sucedida.

> **CRISES E A REVERSÃO À MÉDIA**
>
> O ano de 2020 é interessante para avaliar padrões de reversão à média nos mercados de capitais. A Figura 15 mostra o comportamento da Nasdaq (índice de empresas de tecnologias listadas nos Estados Unidos) diante das incertezas do novo coronavírus. Como é possível observar na imagem, no começo de março de 2020, momento em que foi declarada a pandemia e o mundo começou a se fechar, a Bolsa despencou. Em julho do mesmo ano, porém, enquanto a pandemia continuava, a Nasdaq finalizou o mês a níveis mais altos do que em fevereiro. Apesar do momento de incerteza, os agentes econômicos puderam aperfeiçoar os acontecimentos e desenhar novas estratégias, dando espaço para a reversão à média fazer seu trabalho.

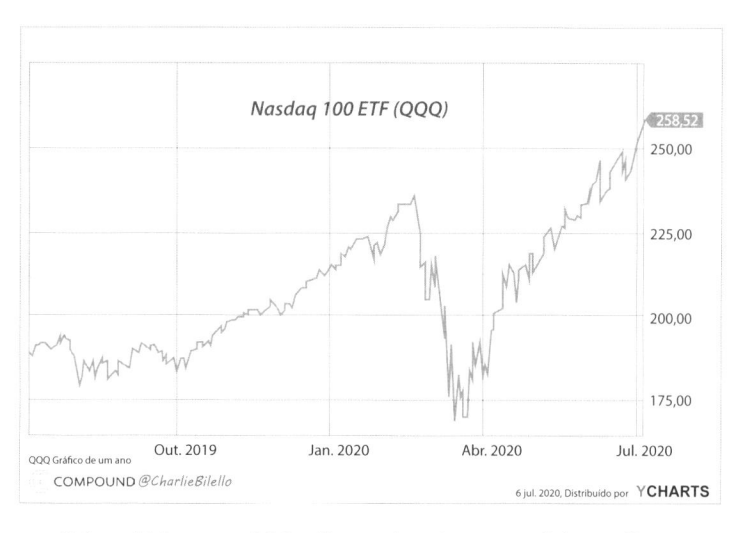

Figura 15. Invesco QQQ – Preço de retorno total da confiança.

E quando não há reversão? Nesse mesmo ano, vivenciou-se um momento de disrupção tecnológica. A pandemia obrigou as pessoas a viver a tecnologia em todo o seu potencial, e essas foram as ações que mais cresceram. O gráfico abaixo mostra o desempenho da rentabilidade dos setores entre janeiro e outubro de 2020. O que se pode observar é que o setor de tecnologia foi muito bem, enquanto setores como energia tiveram mal desempenho e ainda não se recuperaram.

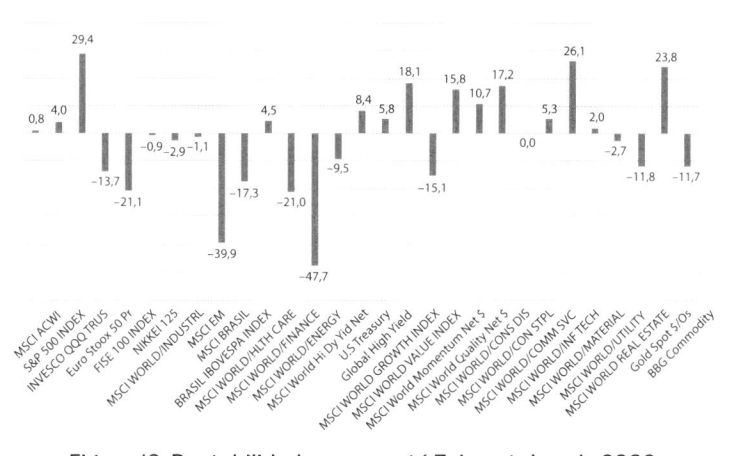

Figura 16. Rentabilidade no ano até 7 de outubro de 2020.

143

O gráfico a seguir atesta o que acabamos de ver. Ele analisa a relação entre *growth* (comprar empresas caras com potencial grande de crescimento) e *value investing* (comprar empresas grandes e com bons fundamentos que estão baratas). O gráfico representa um índice de ações *small caps*, sendo possível observar que, nos últimos dezenove anos, houve um desempenho pobre do *value investing*, enquanto a estratégia de *growth* reinou. Ou seja, momentos de mudança de paradigmas também mudam, logicamente, os fundamentos da economia.

Figura 17. iShares Russel 1000 Value ETF Total Return Price / iShares Russel 1000 Growth ETF Total Return Price'.

Um fato interessante é que, com a vitória do Joe Biden, o prognóstico do governo dele de aumentar a destinação de recursos para a população mais humilde, elevar o salário mínimo e investir em infraestrutura levou a uma recuperação dos preços dos setores de *commodities* e indústrias, empresas de *value* baratas. As empresas de tecnologia passaram a ter um desempenho relativo marginalmente pior com a maior chance de aumento da regulação.

VALOR *VERSUS GLAMOUR*

Em 1994, Lakonishok, Shleifer e Vishny fundaram uma empresa gestora de recursos que hoje administra mais de cem bilhões de dólares, a LSV Asset Management. Apenas Lakonishok é ativo na firma atualmente. Também em 1994, Lakonishok, Shleifer e Vishny publicaram um trabalho intitulado "*Glamour versus* valor". A principal tese era juntar as ideias de Fama e French e DeBondt e Thaler chamando essas estratégias de "valor", ou seja, medidas como compra de ações com B/M baixos, entre outras, como preço sobre lucro. As ações consideradas glamourosas são exatamente aquelas com características contrárias às de valor. Lakonishok, Shleifer e Vishny chamavam as estratégias de valor de estratégias contrárias.

A agenda desses autores foi direcionada para colocar todas as medidas de valor dentro do mesmo guarda-chuva. O primeiro item na agenda dos investidores foi reproduzir o que Fama e French e DeBondt e Thaler encontraram. O segundo item – e o mais controverso – foi sugerir que ações de valor são menos arriscadas do que ações glamourosas, ou ações de crescimento. Eles mostram que, quando o mercado tem mal desempenho, em geral as ações de valor têm desempenho melhor do que as ações de *glamour*. E como não há uma medida universal de risco, essa estratégia parece boa para confirmar a hipótese. Em resumo, o ponto de Lakonishok, Shleifer e Vishny é que ações sem interesse de compradores, por qualquer que seja a métrica, tendem a ter desempenho melhor.

SOBRERREAÇÃO E *SMALL CAPS*

Uma das principais críticas que Fama e French e DeBondt e Thaler sofreram foi o fato de seus resultados serem derivados principalmente de *small caps*. Esse segmento de ações negocia com menos frequência no mercado, o que significa que, do ponto de vista das conclusões da pesquisa, é possível haver problemas com os dados de preços.

Imagine que a ação não tenha sido negociada por um mês. Nesse caso, o preço da ação parecerá ter ficado estável durante o mês. No entanto, esse pode não ser o caso: o preço pode apenas não ter flutuado porque não houve negócio. Quando a ação finalmente é negociada, pode parecer que o preço deu um pulo, quando, na verdade, se houvesse liquidez, a trajetória do preço pode ter sido contínua.

Existem esforços para corrigir o problema de dados de preços olhando para os **_spreads de bid-ask_**. O problema é o tamanho dos *bids* (lances) e dos *offers* (ofertas). *Bids* e *offers* são, em geral, para menos de cem ações e, por isso, podem ser um mau indicador de onde o preço estaria para um lote mais expressivo.

Não existe um jeito óbvio para corrigir esse problema. Uma forma utilizada por pesquisadores é limitar as amostras das ações maiores. Onde exatamente fazer o corte continua sendo um problema. De modo geral, esse é um problema para a maioria dos campos de pesquisa no momento de interpretar os resultados dos dados coletados.

Dois artigos vieram questionar o impacto das *small caps* na mensuração dos retornos feitos por DeBondt e Thaler. Mais especificamente, Conrad e Kaul (1993) e Ball *et al.* (1995) sugerem que os resultados de DeBondt e Thaler devem-se ao modo como os dados são tratados. Por exemplo, caso use-se o *ask price* dividido pelo *bid price* para medir retornos, é possível obter um **estimador viesado** do retorno real.

Outro argumento a respeito das *small caps* é que elas podem ser mais arriscadas do que as **_large caps_**, entre outras razões, por serem empresas menos consolidadas. Se esse for o caso e o direcionador do resultado de Fama e French e DeBondt e Thaler for tamanho, temos que o risco sugerido por Fama e French pode ser, justamente, o tamanho! Nesse caso, a HME seria justificada.

Na busca por encontrar o risco sinalizado pelo artigo de Fama e French, Daniel e Titman (1997) tentaram estudar qual seria o risco escondido e capturado pela razão *book-to-market ratio*. Para isso, eles se propuseram a buscar características comuns de ações com B/M altos e verificar se podiam desenterrar um fator de risco comum nesse grupo de ações.

Utilizando a metodologia de fatores de preços, eles verificaram que as ações com B/M altos tinham muito em comum, mas não um fator de risco. Muitas vezes, eram do mesmo setor, das mesmas regiões, mas não havia uma associação que podia ser relacionada com o mercado em especial. O artigo foi mais um golpe na HME.

Em resumo, a relação entre *book-to-market* e retornos positivos parece ser amplamente aceita, embora ela esteja sujeita às críticas feitas ao trabalho de DeBondt e Thaler. Em espírito, Fama e French e DeBondt e Thaler vão contra a HME, apesar de seus defensores mais ferrenhos dizerem que é tudo obra das *small caps* ou de um fator de risco comum.

O debate dos investidores contrários fez com que Graham e Dodd voltassem, da década de 1920, à vanguarda do investimento profissional global, isto é, no sentido de que o mercado apreça ativos com base em informação incorreta – e, portanto, existem oportunidades de ganhos. Após essa visão pró *value investing* ter virado *mainstream*, presenciamos anos seguidos de forte desempenho das empresas de crescimento por conta da disrupção tecnológica, mas isso, por hora, não parece ter tirado a busca por valor do pedestal dos financistas.

Em suma, a tese de Fama e French difere da de DeBondt e Thaler filosoficamente. Dizer que retornos passados determinam o futuro é diferente de dizer que ações baratas devem subir. Na prática, entretanto, são similares e desafiam a HME.

▶ NA PRÁTICA

1. Como Fama e French colocaram a HME sob revisão, mesmo sendo os próprios autores grandes defensores dessa hipótese?
2. Por que decidir comprar ações que ninguém gosta pode trazer bons resultados?
3. Quais são os efeitos que a sobrerreação dos mercados produz no retorno das ações em curto prazo?
4. Por que ações de valor podem ser entendidas como menos arriscadas que ações de crescimento?

15. MOMENTO DE PREÇOS E LUCROS: CORRELAÇÃO SERIAL

Sempre esteve no jargão de Wall Street dizer que o preço de uma ação está "se comportando bem". Esse tipo de expressão significa que, nos últimos tempos, o preço da ação subiu.

Tendências de alta em curto prazo, muitas vezes, são descritas como "força relativa". Muitos *traders* acreditam que se a ação está se desempenhando bem, a tendência é de continuar com esse comportamento. O momento é tão importante que não é incomum escutar no *trading floor* (sala de negociação): "Veja, pode até ser verdade que a ação XYZ tem bons fundamentos e está barata, mas eu estou preocupado com o comportamento da ação". Ou seja, em *trading*, tem-se a tradição de não se comprar o que está barato, mas, sim, o que está subindo. Será que esse comportamento faz sentido?

Em 1993, um ano após a publicação de Fama e French, um artigo surgiu dizendo documentar outra fonte de previsão de preços de ações do mercado. Jegadeesh e Titman argumentaram que ações que tiveram bom desempenho nos últimos três a doze meses tendem a ter bom desempenho nos três anos subsequentes. Ou seja, os autores concluem que ações, em geral, seguem tendências de alta. Eles chamaram esse fenômeno de **momento de preço**.

Jegadeesh e Titman fizeram outro exercício: pegaram portfólios vencedores nos últimos seis meses e compararam o desempenho deles nos seis meses subsequentes, assim como o dos portfólios perdedores. O que puderam observar foi um retorno doze pontos percentuais superior dos potfólios vencedores em comparação com os outros portfólios. O que isso explica? Como isso se contrapõe a reversão à média que vimos no capítulo anterior?

Esses autores especularam que esse momento de curto prazo pode se dar por conta de anúncios de lucros surpreendentemente bons. O argumento seria que o mercado tem uma tendência a reagir pouco a notícias de bons lucros em prazo curto e, portanto, esse tipo de notícia entraria no preço gradualmente.

Para testar essa hipótese, eles olharam o retorno de ações no entorno dos anúncios de lucros das empresas e encontraram justamente a confirmação de que o bom desempenho aparece apenas alguns meses, quando lucros são anunciados. Logo depois desse período, o portfólio perdedor começa a se desempenhar melhor.

Uma explicação possível para os achados de Jegadeesh e Titman pode estar em um estudo esquecido por um bom tempo publicado em 1968 por Ball e Brown. Eles estavam interessados em saber se o preço das ações antecipava ou não as surpresas favoráveis de lucros.

Aqueles autores encontraram que o mercado começa a antecipar surpresas favoráveis doze meses antes do relatório que confirma o bom desempenho e continua a incorporar no preço o resultado durante trinta dias depois do anúncio. Esse é o tipo de padrão que Jegadeesh e Titman encontraram 25 anos depois.

Ball e Brown desenvolveram um conceito estatístico sobre a surpresa de lucros. A metodologia consiste em assumir que o lucro esperado é dado pela média do lucro do setor. Por sua vez, a variação dos lucros das empresas é dada por uma constante mais a variação do lucro do setor somada a um erro que mede a surpresa.

Utilizando essa metodologia, os autores mostraram que as surpresas não causam pulos nos preços e que há uma tendência altista ou baixista de doze meses pré-anúncio e um mês pós-anúncio que incorpora os lucros ao preço das ações.

Para saber quando algo é inesperado, é importante ter alguma ideia do que é esperado. Ball e Brown resolveram esse problema com uma estatística *ad hoc,* ou seja, sem **microfundamento**, que assume que o esperado é a média do setor. Essa premissa não é completamente satisfatória, em especial se existe um exército de analistas pagos em Wall Street para projetar o lucro das empresas. Certamente Ball e Brown concordariam com isso, só que nos anos 1960 não existia esse tipo de informação. Apenas nos anos 1980 as projeções de analistas se popularizaram.

A medida estatística mais popular utilizada em diversos estudos sobre momentos de lucros foi a do Standardized Unexpected Earnings (SUE):

$$SUE_{it} = \frac{[E_{iq} - E_{iq-4}]}{\sigma_{it}},$$

em que E_{iq} é o lucro por ação i no trimestre, q e q – 4; σ_{it} é o desvio-padrão da surpresa do lucro definida como $E_{iq} - E_{iq-4}$ nos últimos oito trimestres. Uma das razões pelas quais o SUE é popular é apresentar bom desempenho nas regressões que preveem comportamento de preço futuro. Um ponto importante a se notar, entretanto, é que esse modelo não tem as estimativas dos analistas. Ele também é estatístico!

No entanto, a utilização do SUE é inconsistente com o que os agentes de mercado normalmente pensariam como surpresa de lucros. É muito incomum, na literatura, o uso de medidas estimadas pelos analistas, muito provavelmente pelo seu baixo poder preditivo.

Zhou e Zhu (2012) publicaram um artigo intitulado "Jump on the Post-Earnings Announcement Drift" que remonta a literatura de medidas estatísticas para prever os preços de ações.

Outra medida utilizada é a Abnormal Stock Return (ABR), definida da seguinte maneira:

$$\boxed{ABR_{it} = \Sigma^{+1}_{j=-2}(R_{ij} - R_{mj})},$$

em que R_{ij} é o retorno da ação i no dia j e R_{mj} é o retorno do mercado no dia j com lucros anunciados no dia 0. Assim como o SUE, o ABR mede retorno extraordinário e não usa dados de expectativas de lucros propriamente ditos.

Há uma discussão importante que precisa ser feita: a diferença entre momento de preços e momento de lucros. Momento de preços é baseado puramente na série de preços histórica; se existe momento de preços, a HME é falsa em sua forma fraca. Momento de lucros é bem diferente. Pode ser que esteja capturando outro fator de risco, pode estar ligado a algum fundamento do ativo em si. O momento de lucros é, portanto, potencialmente reconciliável com a HME, e o momento de preços implica o "fim da linha" para a HME. O que temos até aqui é evidência de que o momento de preços predomina.

O principal interesse de Chan, Jegadeesh e Lakonishok (1996) foi tentar entender se momento de preços e momento de lucros eram a mesma coisa. Eles usaram o SUE, o ABR e as previsões de analistas para estimar o momento de lucros e encontram que ambas as versões de momento (de preços e de lucros) estão presentes. A diferença é que o momento de preços é maior e mais persistente. Separar ações com base no desempenho nos últimos seis meses gera uma diferença de retorno de 8,8% nos seis meses subsequentes; separá-las com base em lucros no mesmo período gera um prêmio de 7,7%.

Uma década depois, Chordia e Shivakumar endereçaram o mesmo assunto e chegaram a resultados muito diferentes. Eles concluíram que o momento de lucros "engole" o momento de preços. Chordia e Shivakumar citam um manuscrito de autores de Cornell que mostra que, em países sem momento de lucros, o momento de preços também é ausente. A dificuldade do artigo é que o SUE é usado como medida de surpresa de lucros e não há referência à previsão dos analistas. Além disso, os autores sugerem que o momento de lucros é mais presente em alguns setores com característica e risco específicos, tentando reestabelecer a ligação com a Hipótese dos Mercados Eficientes. Apesar de o trabalho de Chordia e Shivakumar ser mais recente (2006), os achados de Chan, Jegadeesh e Lakonishok são mais consistentes em termos de momento de lucros.

As pesquisas sobre momento de preços nunca parou, mesmo que muitas delas não sejam mais publicadas em revistas acadêmicas. *Hedge funds*, convencidos de que há muito mais a ser descoberto, investem dinheiro próprio em pesquisas para descobrir padrões nos dados de preços das ações.

Esses fundos quantitativos usam dados de preço, muitas vezes de prazo muito curto, para tentar encontrar estratégias lucrativas. Por razões óbvias, essas pesquisas não são publicadas. O que sabemos é que *hedge funds* têm trabalhado com dados de curtíssimo prazo – muitas vezes de minutos!

O problema desse tipo de pesquisa é o *data mining*. Em outras palavras, se tentarmos correlacionar exaustivamente a quantidade de borboletas batendo asas na China com a produção de seringas em alguma cidade no mundo, é capaz de acharmos que há uma ligação estatística relevante. Mas, na prática, sabemos que uma coisa não tem nada a ver com a outra. É preciso ter cuidado com esse tipo de análise.

O QUE APRENDEMOS?

Há pouca dúvida sobre o fato de o momento de preços ser uma característica do comportamento dos preços de ações. Muitos estudos afirmam que preços passados são uma aproximação para outros fatores; entretanto, o impacto de preços passados é uma catástrofe para a HME e difícil de ser desconstruído.

A literatura sobre momento de lucros é mais confusa. Medidas estatísticas como SUE e ABR não são o que as pessoas entendem como lucro esperado. Nesse sentido, os padrões encontrados para momento de lucros podem ser meramente frutos do momento de preços! Operadores do mundo real olham preços passados no dia a dia. Isso, em si mesmo, é um fato.

▶ NA PRÁTICA

① Em sua opinião, o que Jegadeesh e Titman lhe diriam se você dissesse a eles que está preocupado com o comportamento da ação?

② Para Chan, Jegadeesh e Lakonishok, qual é a diferença entre momento de preços e momento de lucros?

③ Por que o modelo de Chan, Jegadeesh e Lakonishok é mais moderno que o de Ball e Brown?

④ Como é possível reconciliar o momento de lucros com a reversão à média? Quais são os trabalhos de referência sobre o assunto?

16. EFEITO CALENDÁRIO

Você acha que os mercados funcionam de maneira diferente dependendo do dia da semana? O retorno das ações é melhor no começo ou no fim do ano? O início do dia no mercado é melhor do que o fim do dia? Essas são perguntas que buscam entender se o calendário impacta o retorno das ações. Sem uma explicação razoável, sazonalidade ou padrões de retornos baseados puramente no calendário são um desafio para a HME!

Como muitos aspectos das finanças comportamentais, os efeitos calendários vieram do folclore de Wall Street. Blue Mondays (segundas-feiras tristes) sugeriam que os retornos deveriam ser inferiores nas segundas-feiras. Essa reação parece estar diretamente ligada com o que os *traders* pensam nas segundas-feiras. Com a aproximação do fim de semana, *traders* ficam felizes; assim, com a chegada da sexta-feira, os retornos melhoram. Existe alguma verdade nisso? E, se há verdade, a mera chegada da sexta-feira explica o movimento?

O efeito calendário mais famoso é o **efeito janeiro**. Este mês. parece ser realmente diferente. Retornos são mais altos nesse mês se comparados ao restante do ano. Outro efeito janeiro foi documentado na literatura e funciona da seguinte forma: quando o desempenho em janeiro é melhor do que a média, o retorno das ações no restante do ano é melhor do que a média também. Os autores dos principais artigos vistos nos capítulos anteriores – Fama e French, DeBondt e Thaler, Jegadeesh e Titman – acham que eventos estranhos acontecem em janeiro. Alguns autores, durante o curso da história da pesquisa econômica, aprofundaram-se nesse tema.

Thaler chamou a atenção para efeitos calendário em seu livro *The Winner's Curse*. O autor faz referência a um estudo de 1976 que documenta retornos extraordinários em janeiro para índices de ações com pesos independentes da capitalização. Como o mesmo efeito não é identificado na Dow Jones, Thaler concluiu que o efeito janeiro é um efeito de *small caps*. Lakonishok e Smidt reafirmaram essa visão em 1988 em pesquisa extensa de revisão da literatura ("Are Seasonal Anomalies Real? A Ninety-Year Perspective").

Em 1996, Haugen e Jorion revisitaram os dados para verificar se o efeito continuava presente. Eles argumentaram que se esperaria que o efeito janeiro desaparecesse, já que era significativo e conhecido. Mas ficaram surpresos ao ver que o efeito continuava presente nos dados. Os autores examinaram dados de 1926 a 1993, documentando a existência do efeito em toda a amostra e a persistência desse efeito desde 1976, quando foi descoberto.

Hansen e Lunde fizeram um estudo em 2003 com dez países: Dinamarca, França, Alemanha, Hong Kong, Itália, Japão, Noruega, Suécia, Reino Unido e Estados Unidos. Concluíram que o efeito janeiro estava presente, sendo dominado por *small caps*.

De modo geral, há um consenso de que o efeito janeiro existe e está presente. A pergunta que fica é: por quê?

Uma resposta potencial seria: por questões tributárias. Vender ações com perda ao final do exercício pode trazer benefício ao contribuinte na medida em que afeta sua renda tributável. Muitas dessas vendas ocorrem em dezembro, empurrando as ações que caíram durante o ano mais para baixo ainda. Uma vez que o ano novo chega, a pressão de venda acaba, e o preço das ações pode se recuperar. Em resumo, essas ações vão bem em janeiro porque seus retornos foram deprimidos em dezembro por conta da otimização tributária.

O que não é fácil é conseguir comprovar essa hipótese tributária. Nos Estados Unidos, por exemplo, se Camila vende sua ação em dezembro para evitar imposto, só pode comprá-la novamente seis meses depois. Na Finlândia, por sua vez, não há restrição de seis meses. O que os dados mostram é que, na Finlândia, o efeito do mês de janeiro é claramente mais forte do que em outros países. Grinblatt e Keloharju mostram, em artigo de 2004, que os investidores finlandeses utilizam essa prática tributária.

O artigo de Odean de 1998 mostra que investidores vendem muito mais ações com perda de capital em dezembro, ao contrário da anomalia conhecida como **efeito disposição**, já apresentada neste livro (Capítulo 9). Esse viés de comportamento eleva a tendência dos investidores de venderem apenas posições que têm lucro. Existem outros artigos que apontam que a pressão de vendas em dezembro é liderada por indivíduos, não por instituições.

Uma explicação alternativa para o efeito janeiro é que os gestores de recursos que estão à frente de seus *benchmarks* no final do ano movem seus portfólios de maneira mais conservadora para preservar o bônus de fim de ano. Falando claramente, algo parecido com a máxima "em time que está ganhando não se mexe". Isso sugere que ações com preços atraentes não são compradas até que o ano novo comece.

Em 2004, Grinblatt e Moskowitz apontaram para a expressão conhecida como *window dressing* para a origem do efeito janeiro. *Window dressing* é, em resumo, a prática de maquiar os resultados de empresas de modo que pareçam melhores do que, de fato, o são. Sendo isso verdade, o efeito janeiro deixa de ser exclusivo para *small caps*. Thaler já havia apontado que a questão tributária não podia ser a única explicação para o efeito janeiro, na medida em que esse efeito aparece em países nos quais os anos fiscais terminam em outras datas (no Japão, por exemplo, o ano fiscal tem fim em março).

O OUTRO EFEITO JANEIRO

Cooper, McConnell e Ovtchinnikov cunharam a expressão "o outro efeito janeiro" em artigo publicado em 2006. Os autores mostraram que as ações que vão bem em janeiro têm bom desempenho nos onze meses subsequentes. Com base na análise de dados de 1940 a 2003, evidenciaram que o desempenho em janeiro é estatisticamente significante para o desempenho no restante do ano. Ou seja, o retorno de uma ação em janeiro contém informação sobre como vai ser seu desempenho nos demais meses do ano.

EFEITO FINAL DE SEMANA

Esse efeito traz a ideia de que, no início da semana, retornos são baixos e, mais para o final da semana, os retornos aumentam. Dados dos Estados Unidos mostram retornos médios negativos nas segundas-feiras; além disso, esse dia tem o pior retorno médio da semana. Depois de 1952, o dia com maior retorno na semana é sexta-feira. Antes dessa data, as ações eram negociadas aos sábados, sendo esse o dia de maior retorno na semana. O que poderia explicar isso? O final de semana?

O que uma pessoa poderia esperar tendo em vista a HME? Como o mercado tem, em média, um retorno positivo, deveríamos esperar que, nas segundas-feiras, houvesse um retorno acumulado de três dias e, portanto, o maior da semana! Nesse sentido, o efeito fim de semana vai contra a HME. A questão que permanece é: seria o fim de semana ou a segunda?

Rogalski (1984) mostrou que o problema é o fim de semana, mesmo porque as ações abrem em baixa na segunda-feira e se recuperam ao longo do dia. Finais de semana deveriam exibir retornos negativos, então?

O efeito final de semana está presente em outros países, porém as evidências não são fortes para todos. Alguns países vão pior na segunda-feira e não vão bem na sexta-feira, e vice-versa. Não existem boas explicações para esse efeito, a não ser a alegria do final de semana e a depressão da segunda-feira. Alguém tem uma ideia melhor?

EFEITO FERIADO

O retorno de mercado parece anormalmente alto em véspera de feriado. Esse fato é consistente com o efeito sexta-feira. Lakonishok e Smidt (1988) calculam que o retorno na véspera de feriado é 23 vezes maior do que o retorno em um dia normal. É um efeito gigante e sem explicação razoável! Chong, Hudson, Keasey e Littler, em trabalho publicado em 2005, concluíram que o efeito feriado desapareceu nos Estados Unidos desde 1991 e permaneceu no Reino Unido e em Hong Kong. Talvez tenha sido arbitrado nos Estados Unidos.

MINERAÇÃO DE DADOS

Sullivan, Timmerman e White publicaram artigo em 2001 afirmando que boa parte dos efeitos calendários encontrados sofria de considerações de *data mining*. Ou seja, se você "tortura" os dados com hipóteses diferentes sem uma explicação plausível, são encontradas variáveis significantes por acaso. Os dados "confessam" mesmo sem terem cometido o crime. Ainda não há uma conclusão da literatura sobre isso. A evidência parece forte em alguns casos, como janeiro, mas o tema sofre com o *data mining*.

▶ NA PRÁTICA

1. Quais são as explicações aventadas para o efeito janeiro?
2. O que é "o outro efeito janeiro"?
3. Como a alegria do final de semana e a depressão da segunda-feira afetam os mercados?
4. O que Lakonishok e Smidt encontraram com relação aos feriados?

17. LIQUIDEZ

A liquidez dos ativos está ligada à ideia de quão rápido eles podem ser transformados em caixa (dinheiro na mão). Caixa é o ativo de maior liquidez do mercado. Em seguida, bem próximo, estão os títulos do governo de curto prazo. É relativamente fácil comprar e vender quantidades grandes de títulos públicos a preço praticamente idêntico da última transação. Isso sugere uma definição de liquidez: diferença entre o preço da transação mais recente e o preço praticado em uma nova transação que poderia vir a ocorrer.

O problema dessa definição é que a transação pode ter ocorrido há certo tempo. Imagine a compra e a venda de uma casa. Essa casa pode ter sido transacionada há muitos anos e, portanto, o preço da transação pode ser irrelevante para uma nova. Liquidez é um daqueles conceitos sobre o qual as pessoas falam bastante, mas é difícil de definir na prática.

Ações de empresas com alta capitalização, ou seja, que transacionam muito no mercado (no caso brasileiro, poderíamos exemplificar com ações da Vale), são percebidas como mais líquidas do que as ações das *small caps*. Títulos públicos leiloados recentemente são vistos como mais líquidos do que aqueles leiloados há muito tempo. Títulos do governo federal são considerados mais líquidos dos que os de suas estatais ou entes federados. Objetos de arte são vistos como menos líquidos do que frutas e verduras.

Se perguntarmos qual é o preço corrente de um ativo, em geral a resposta é que não há um preço. Preço corrente não é uma noção bem definida. Comumente, a resposta é o último preço transacionado. Só que esse não é o preço corrente. O preço corrente consiste em dois preços: o preço pedido (*ask*) e o preço proposto (*bid*). O preço pedido é o preço mais baixo que alguém se dispõe a vender o ativo; o preço ofertado é o preço mais alto que alguém pagaria pelo ativo.

Suponha que estejamos avaliando mercado para uma ação. O preço proposto é o preço acompanhado da quantidade em que se dispõe a fazer aquele negócio naquele preço. Proposta de R$ 20,25 para quinhentas ações. A proposta pode ser de um ou mais compradores somados. Já o preço pedido por quem detém as ações poderia ser de R$ 20,75 para mil ações. Se o *ask price* é de R$ 20,75, então não há ninguém querendo vender as ações a valor menor que esse.

Logo, o preço corrente desse mercado é 20,25 com 20,75, 500 × 1.000. Se esse é o mercado e você quer comprar cem ações imediatamente, tem mercado disponível a R$ 20,75. Feito o negócio, o último preço torna-se R$ 20,75, e o mercado continua quase igual com quinhentas ações a R$ 20,25 e novecentas ações a R$ 20,75 (ou, como se fala no mercado financeiro: 20,25 com 20,75, 500 × 900). Analogamente, se você quiser vender cem ações, o preço cai R$ 0,50, pois o preço proposto é de R$ 20,25. Nesse sentido, teremos o preço corrente de mercado a 20,25 com 20,75, 400 × 900. O mercado mudou? Não, mas o preço se mexeu!

Agora, suponha um mercado de 20 com 21, 500 × 1.000. O mercado é diferente do anterior? No exemplo anterior, a diferença entre preço pedido e preço ofertado era de cinquenta centavos e, nesse caso, passou a um real. Ou seja, o *spread bid-ask*, conceito estudado no Capítulo 14, dobrou. Isso significa que simples transações vão fazer o preço aparente variar mais percentualmente, mesmo com o mercado parecido. Esse mercado tem liquidez menor? Como podemos medir essa diferença de liquidez?

Uma das medidas mais comuns de liquidez é baseada no *spread Q*.

$$Spread\ Q = \frac{[ask-bid]}{midpoint},$$

em que *midpoint* = $\frac{[ask+bid]}{2}$.

Calcula-se o *spread Q* semanal assim:

$$Spread\ Q\ semanal = \frac{\left[\frac{1}{n}\right]\Sigma_i[Ask_i - Bid_i]}{midpoint_i},$$

em que i = 1, ... n e *n* é o número de observações de *bid-ask*.

É possível calcular o *spread Q* diário e o mensal.

Essa é uma boa medida de liquidez? Depende. Se a maioria das transações envolve pequenos números de ações, a medida captura bem a liquidez do papel. No entanto, para grandes transações, é uma medida muito incompleta, porque, na prática, o *bid-ask* teria sido muito maior. Logo, considerações de tamanho fazem o *spread Q* ser uma medida imperfeita de liquidez.

Outra medida de liquidez muito utilizada é o *turnover*, calculado dividindo-se o número de ações negociadas durante um período pelo número de ações em mercado:

$$Turnover\ semanal = \frac{Volume\ total\ durante\ a\ semana}{Número\ de\ ações\ existentes\ em\ negociação}$$

Essa é uma boa medida de liquidez? Nos extremos, sim. Uma ação com zero *turnover* é ilíquida (sem **liquidez de mercado**) e uma com 100%, é líquida. Mas se uma ação tem *turnover* de 0,8 e outra de 0,75, significa que a primeira é mais líquida?

Quando estudamos Fama e French e DeBondt e Thaler no Capítulo 14, vimos que estratégias de investimento contrárias são, em geral, associadas a *small caps*, as quais são mais ilíquidas. Logo, se iliquidez carrega risco adicional, existe um retorno maior para quem o carrega. Mas qual seria o custo da iliquidez? Na hora de comprar e vender ações dessas empresas, o *bid-ask* é mais largo e, portanto, esse seria o custo pelo qual o investidor teria de ser remunerado. Por esse lado, a liquidez poderia explicar o retorno maior de *small caps* e estaria no preço do ativo.

No entanto, há pesquisa que argumenta que os investidores podem ter estratégias de *buy and hold* (comprar e vender) com ativos ilíquidos, de modo a focar sua atividade de *trading* nos líquidos. Nesse sentido, as ações ilíquidas não precisariam carregar grande prêmio de risco. Pode-se argumentar que, em períodos longos, pequenos desvios da carteira ótima de ativos têm pouco impacto em retornos. Nesse sentido, iliquidez não seria tão problemática nem tão cara.

A conclusão é que existe evidência empírica de que ações ilíquidas apresentam retornos superiores. O efeito não é grande, mas é estatisticamente significante. No entanto, há uma percepção de que liquidez é mais uma característica das *small caps* e, portanto, o efeito sobre retornos não seria da liquidez, mas do fato de as ações serem *small caps*. O que existe de concreto é a importância da liquidez durante as crises, como a de 2008. Nesse período, as ações que mais sofreram foram as líquidas, porque eram mais facilmente transacionadas. Nesse caso, as ilíquidas foram menos arriscadas. Ou seja, quando tratamos de liquidez, nada é simples de definir nem é obvio para que lado é preciso ter o prêmio diante das considerações comportamentais, na medida em que ativos com mais liquidez podem ser mais voláteis e carregar desconto por isso.

▶ NA PRÁTICA

❶ Explique o que é preço corrente.
❷ Explique as medidas de liquidez.
❸ Qual é a relação entre liquidez e *small caps*?

18. PRÊMIO DE RISCO DAS AÇÕES

Como premissa, um ativo sem risco deve ter o menor rendimento do mercado. Impostos podem distorcer essa proposição simples. Nos Estados Unidos, por exemplo, o tratamento fiscal de um título do Tesouro Americano de três meses e de uma ação ordinária é igual. Logo, é natural esperar que o retorno de uma ação ordinária supere o de um título do tesouro de curto prazo. Chamamos de **prêmio das ações** a diferença entre o rendimento do mercado acionário e os títulos do tesouro.

Em 1985, Mehra e Prescott combinaram empirismo e teoria econômica e concluíram que o prêmio histórico do retorno das ações era simplesmente grande demais! No período de noventa anos (1889 a 1978), eles estimaram o prêmio do retorno das ações em 6,18%, sendo o retorno das ações 6,98% e as T-Bills, 0,80%. Por que esse número é grande?

Mehra e Prescott propuseram que a decisão de trocar um dólar marginal em ativos seguros para ativos inseguros, como as ações, dependeria do benefício do consumo marginal na data futura em que o retorno da ação fosse se realizar. Esse futuro benefício marginal alcançado por conta do maior retorno tem de ser pesado contra uma perda marginal do consumo no presente, dado que o ativo seguro não estará disponível.

Se indivíduos são avessos ao risco, descontarão o valor a receber no futuro a uma taxa mais alta do que aqueles mais neutros ao risco. Logo, uma resposta simples ao enigma pode ser que indivíduos avessos ao risco preferem consumir no presente a consumir no futuro por uma margem alta.

No entanto, Mehra e Prescott foram mais a fundo e estudaram uma função de utilidade usada nos principais trabalhos acadêmicos.

$$U(C,\alpha) = \frac{[(C^{(1-\alpha)}) - 1]}{(1-\alpha)},$$

em que α é o parâmetro de aversão ao risco.

Estima-se, na literatura, que α pertença ao intervalo [0, 2].

Com base nessa função, os autores usaram α = 10 de forma conservadora e estimaram qual deveria ser o prêmio das ações. O resultado teórico foi 0,35%, ou seja, $\frac{1}{18}$ dos 6,18% encontrados empiricamente.

Em 2003, Mehra revisitou o enigma do prêmio das ações e reportou que o enigma continua. Mostrou que o mesmo padrão de dados aparecia na Inglaterra, no Japão, na França e na Alemanha. Depois da constatação, comentou sobre a grande literatura que tentou explicar ou desconstruir tal enigma. Afirmou também esperar que esse padrão de diferencial de retornos continue. Logo, o debate permanece acerca do porquê.

Uma explicação potencial é a aversão à perda. Se as pessoas são avessas à perda, elas evitam se envolver em situações que possam lhes causar dor ou perda. Na maioria dos dias de negociação, as ações sobem, mas em muitos – muitos mesmo – elas caem. Se você deriva prazer limitado a quando as ações sobem e muita dor quando elas caem, o caminho da riqueza é muito dolorido para você aguentar. Não é suficiente saber que há um pote de ouro no final do arco-íris se o caminho é doloroso demais.

De modo geral, prazer e dor podem ocorrer apenas quando o investidor checa seu portfólio. Logo, se você checa o portfólio a cada dez anos, não sente a dor com muita frequência. No entanto, se você checa a cada cinco minutos, pode doer muito! Se o investidor sente a dor, zera a posição na perda e volta para os ativos seguros para resgatar a paz de espírito. Pode ser que se ele ou ela não tivessem prestado atenção, poderiam alcançar retorno superior.

Se aversão à perda é uma boa descrição da maioria dos indivíduos, então teríamos muito baixa detenção de ações. E isso acontece de fato: poucas pessoas detêm ações, e as ações têm um retorno muito alto. A lógica fecha!

Por que Mehra ignorou essa possibilidade teórica em 2003, quando revisitou o tema, uma vez que essa é uma alternativa que funciona?

O problema da aversão à perda é que não há uma função utilidade tratável matematicamente que caiba dentro de uma teoria. Isto é, se pessoas têm aversão à perda, a função utilidade depende do caminho. Como vimos no Capítulo 10, você não tem um ponto único de utilidade para cada nível de riqueza, mas uma utilidade diferente dependendo do seu ponto de partida.

Do ponto de vista da teoria econômica e de finanças, trabalhar com aversão à perda é jogar a água da banheira do nenê fora, com o nenê junto. Para contribuir com a teoria, Barro (2006), no artigo "Rare Disasters and Asset Markets in the Twentieth Century", tenta modelar esse risco de perda com desconto hiperbólico e consegue algum progresso.

Outra explicação alternativa é o viés de sobrevivência, que implica deixar de fora parte dos dados da base que não sobreviveram por uma ou outra razão. Concretamente, um número grande de *hedge funds* deixa de funcionar a cada ano. Quando fazemos regressões, incluímos esses fundos? Se você avaliar só os fundos que sobreviveram durante todo o ano calendário, sua amostra estará enviesada?

Os fundos que deixaram de existir provavelmente não tiveram os melhores desempenhos. As empresas que faliram durante o período também não. Deixá-los de fora enviesa a análise!

Em 1999, Jorion e Goetzmann argumentaram que o prêmio das ações sofria desse viés de análise. Como os Estados Unidos foram o mercado com melhor desempenho no último século, naturalmente, avaliar ações naquele país teria um desempenho melhor. Por isso, os autores construíram uma amostra com outros países e observaram que o prêmio era menor. Usando o PIB como peso, os autores desenvolveram um índice de mercado global e diversificado. O desempenho desse índice foi de 4% a.a. – ainda muito elevado. E o enigma do prêmio das ações não foi resolvido!

Em 1994, Siegel publicou um livro que virou o ícone daqueles que acreditam que investidores de longo prazo devem deter principalmente ações. No livro, ele dizia o que muitos acreditavam: que o risco de deter ações em longo prazo é menor do que o risco de detê--las em curto prazo.

> It is very significant that stocks, in contrast to bonds and bills, never delivered to investors a negative real return over periods of 17 years or more. [...] the safest long-term investment for the preservation of purchasing power has clearly been a diversified portfolio of equities.[8]

---

8   É muito significativo que ações, em contraste com títulos e notas, nunca tenham dado aos investidores um retorno real negativo ao longo dos períodos de dezessete anos ou mais. [...] o investimento em longo prazo mais seguro para preservação do poder de compra tem sido claramente um diversificado portfólio de ações.

Sempre houve uma visão de que investidores em longo prazo devem ter uma carteira diferente daqueles que têm horizonte curto (estes últimos deveriam evitar ações ordinárias). No entanto, como estudamos no Capítulo 2, Paul Samuelson provou que, ao menos no contexto do CAPM, investidores em longo prazo deveriam ter a mesma carteira que os em curto prazo. Só que o CAPM não funciona na realidade, correto?

Para avaliar melhor a questão, imagine um ativo sem risco com retorno esperado de 4%, sem variância, e compare-o com um portfólio arriscado com retorno de 12% e variância de 16%. Qual é a probabilidade de o portfólio arriscado performar pior que o ativo sem risco? Em um ano, a probabilidade é de 30,9%; em cinco anos, a probabilidade cai para 13,2%; em vinte anos, para 1,3%, e em quarenta anos, para 0,1%.

Então, obviamente, ações são melhores, certo? Não necessariamente.

O problema dessa afirmação é que, caso o retorno das ações seja pior, a análise feita anteriormente não considera quão pior esse desempenho será. Pode ser que as ações "virem pó" (jargão do mercado financeiro que caracteriza uma deterioração profunda do valor das ações em questão), e isso não é levado em conta.

Outro ponto relevante para a discussão do enigma do prêmio das ações é a digressão histórica de Jordà *et al.* (2017), que mostra que ações têm um desempenho inferior em termos de risco-retorno comparado a imóveis. Outro padrão interessante nesse estudo é que o retorno absoluto de ações é melhor, em longo prazo, em países anglo-saxões em relação à Europa continental. Esses pontos ficam evidentes no gráfico e na tabela a seguir.

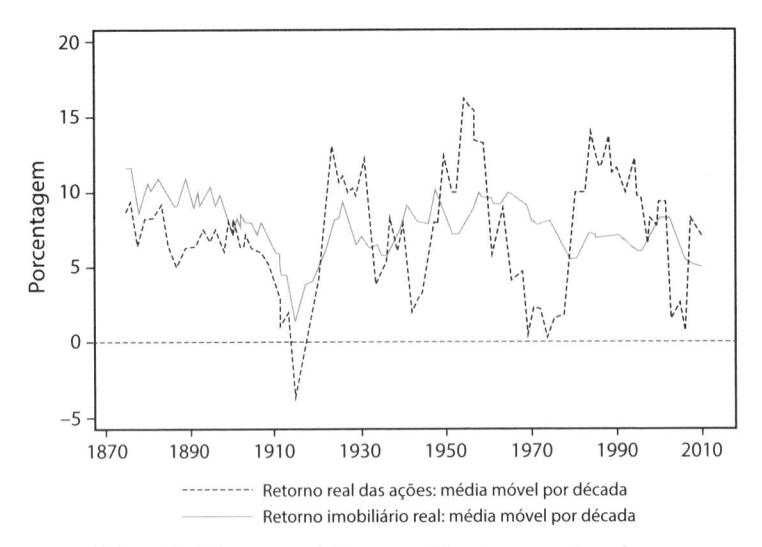

Figura 18. Retornos médios para 16 países ponderados pelo PIB real. Médias móveis por década.

	Imobiliário	Ações	Diferença
França	6,5%	3,3%	3,3%
Noruega	8	6	2,1
Portugal	6,3	4,4	1,9
Bélgica	7,9	6,2	1,7
Alemanha	7,8	6,9	1
Dinamarca	8,1	7,2	0,9
Japão	6,5	6,1	0,5
Suécia	8,3	8	0,3
Holanda	7,3	7,1	0,2
Espanha	5,2	5,5	−0,3
Finlândia	9,6	10	−0,4
Suíça	5,6	6,7	−1,1
Austrália	6,4	7,8	−1,4
Reino Unido	5,4	7,2	−1,8
Estados Unidos	6	8,4	−2,4

Figura 19. Imobiliário × retorno das ações (1870-2015).

Fonte: JORDÀ *et al.* (2017), NBER.

▶ NA PRÁTICA

❶ Um portfólio de ações tem melhor risco-retorno que títulos do governo? Explique o racional para isso e qual o problema do racional.

❷ Qual a contribuição da teoria prospectiva para a análise do prêmio de risco das ações? Quais outras explicações para o prêmio de risco das ações?

❸ De que forma o viés da sobrevivência influencia o prêmio de risco das ações?

❹ Como foi o desempenho histórico, em termos de risco-retorno, das ações em comparação aos imóveis?

SÍNTESE TEÓRICA

19. O NOVO MODELO DE SHLEIFER

A incompatibilidade dos dados de retornos de ativos financeiros com a HME virou lugar-comum na literatura econômica, como vimos até aqui. A pergunta sobre o que colocar no lugar criou um dito popular entre economistas: ao abandonarmos a HME e as expectativas racionais, qualquer teoria seria válida. Depois de um quarto de século de discussão na profissão, há um sério novo candidato a arcabouço parcimonioso que concilia a evidência sobre o comportamento humano com os dados do mercado financeiro.

A partir de 2016, Pedro Bordalo, Nicola Gennaioli, Andrei Shleifer e coautores, inclusive Rafael La Porta, começaram a publicar uma série de estudos capazes de explicar o padrão dos dados de preços e retornos de ativos ao utilizar expectativas de diagnóstico em seus modelos. O principal trabalho desses autores ("Diagnostic Expectations and Stock Returns") foi publicado no *Journal of Finance* em dezembro de 2019.

O trabalho para justificar o uso dessa hipótese é bem completo e minucioso, incluindo a documentação de como funciona o viés de representatividade na memória humana com publicação em jornal de psicologia microfundamentando a hipótese. Contempla também a explicação para resultados de pesquisas de expectativas de variáveis macroeconômicas e lucros de empresas por parte de analistas.

E, por fim, é compatível com os principais enigmas do mercado de ações, tais como o excesso de volatilidade, previsibilidade de retornos e formação de bolhas.

Vamos entender melhor essa nova literatura.

EXPECTATIVAS DE DIAGNÓSTICO E O RETORNO DAS AÇÕES

Um fato conhecido documentado por La Porta em 1996 e atualizado para dados do século XXI é que a expectativa de lucros de longo prazo feita por analistas de ações tem uma grande capacidade de prever o retorno das ações. Isso acontece da seguinte maneira: as empresas com as quais os analistas estão mais otimistas a respeito dos lucros futuros apresentam retornos fracos em relação às companhias com as quais os analistas estão pessimistas. La Porta interpreta essa descoberta como evidência de que os analistas e os investidores que os seguem são otimistas demais com empresas que têm grande crescimento de lucros e pessimistas demais com as que têm lucros cadentes. Como resultado, o primeiro grupo de ações é sobrevalorizado e a previsibilidade de retornos acontece por conta da correção dessas expectativas.

Para endereçar essa regularidade empírica, é construído um modelo que representa uma dinâmica de expectativas em que os agentes sobrerreagem às notícias. As expectativas são baseadas em uma tentativa de prever o futuro olhando para a frente e, portanto, imunes à crítica de Lucas (1976), que, por sua vez, demonstrou que a tentativa de previsão do futuro olhando para o passado pode ser falha.

As expectativas têm um núcleo de verdade, na medida em que são baseadas em fatos reais; no entanto, pecam no método de atualização da informação pelo modo como a mente humana funciona. Não há **bayesianismo** perfeito na atualização de expectativas. Esse modelo de expectativas é o coração do novo modelo de Shleifer, que, por sua vez, apresenta ótimo desempenho em explicar não apenas um corte seccional de retorno de ações, mas o caminho dos fundamentos que levam à sobrevalorização das ações e à expectativa dos analistas.

O modelo e os dados sugerem que os analistas usam o desempenho passado das empresas para inferir seus lucros futuros, mas sobrerreagem. Esse mecanismo de atualização surge naturalmente da ideia de atribuir mais peso a tipos representativos. A ideia é que, após a realização de crescimento elevado do lucro, a probabilidade de aquela empresa se tornar o próximo "Google" aumenta. Esse tipo torna-se representativo porque se destaca na mente das pessoas; por isso, é lembrado rapidamente, e os analistas acabam inflando essa possibilidade excessivamente, apesar de Googles serem bastante raros em termos absolutos. Assim que as boas notícias param de chegar, o sobreotimismo se esvai.

O crescimento acelerado dos lucros causa, portanto, sobrevalorização do preço da ação e posterior desapontamento, levando à reversão do otimismo e ao baixo retorno.

Gennaioli, La Porta e Shleifer também quantificam a sobrerreação às notícias por parte dos analistas. Eles mostram que a reação, em média, é o dobro da devida. Ou seja, se há uma notícia de que os lucros vão aumentar 10%, os analistas incorporam, em média, 20% ao preço. O artigo também aponta que a sobrerreação tem um tempo médio de três anos, o que é alinhado com a literatura de reversão à média, já conhecida e estudada extensivamente neste livro.

Há evidência empírica abundante de que as expectativas funcionam com base no núcleo da verdade, na medida em que:

- A distribuição estatística do grupo de empresas que têm alto crescimento de lucro esperado no longo prazo tem uma <u>cauda</u> gorda à direita, formada por empresas que, de fato, performam muito bem em longo prazo. Os analistas atribuem expectativa excessivamente elevada de que as empresas estão nessa cauda gorda.

- A diferença de retorno entre o grupo de empresas que têm alta e baixa expectativa de crescimento de lucros aumenta se olharmos para empresas com fundamentos mais voláteis ou persistentes. Isso também condiz com a propriedade do núcleo da verdade, uma vez que, para essas empresas, as últimas notícias são ainda mais relevantes.
- As expectativas de crescimento de lucro das ações em longo prazo são revertidas mesmo na ausência de notícias novas, revertendo à média. Isso também é consistente com a ideia de que expectativas têm um núcleo de verdade, no sentido de que as expectativas são eventualmente revertidas para a média verdadeira do lucro das empresas.

ENIGMAS DO MERCADO DE AÇÕES E AS EXPECTATIVAS DOS FUNDAMENTOS

O uso de dados de pesquisas de expectativas de analistas em conjunto com o modelo de expectativas de diagnósticos é capaz de explicar, em boa medida, o excesso de volatilidade das ações, a variação da razão preço sobre lucro e a preditabilidade dos retornos dos ativos financeiros. Essa evidência é consistente com o mecanismo no qual boas notícias sobre fundamentos levam a previsões excessivamente otimistas de lucros, sobretudo em horizontes longos, o que infla os preços de ações e culmina em baixo retorno no futuro.

Em resumo, relaxando expectativas racionais a respeito dos fundamentos em um modelo padrão de apreçamento de ativos, é possível explicar as anomalias do mercado de ações de modo parcimonioso.

Para mostrar (i) que as expectativas de analistas têm um papel importantíssimo em explicar os enigmas sobre o comportamento de preços das ações, (ii) que expectativas sobre o crescimento de lucros em longo prazo sobrerreagem a notícias e (iii) que essa sobrerreação cria erro sistemático útil para prever o retorno das ações, os autores estudam a expectativa dos analistas, de curto e longo prazo, sobre as empresas do S&P 500 de 1981 a 2018 e agregam essas projeções em um índice de expectativas de mercado sobre crescimento de lucros. Com esses dados, mostram que os erros nas projeções de crescimento de lucros são previsíveis pelas revisões nas projeções, sugerindo um distanciamento da racionalidade. Eles documentam três fatos:

- O crescimento de lucros mostra reversão abrupta de curto prazo: após crescimento forte, ele cai em curto prazo e, depois, retoma em longo prazo.
- As expectativas de crescimento de lucros em curto e longo prazos olham para o futuro, respeitando essa dinâmica.
- As expectativas sobre o crescimento de lucros em curto e longo prazos são excessivamente otimistas após período de alto crescimento de lucros.

Em conjunto, esses fatos documentados implicam que, em curto prazo, as expectativas demoram para se ajustar, mas, em longo prazo, sobrerreagem às notícias.

- Para verificar se as expectativas medidas podem explicar os enigmas de preços, os autores calculam um índice de preços de ações baseado nas expectativas de crescimento de lucros dos analistas em curto e longo prazos. Eles encontram que a volatilidade das variações anuais desse índice é muito próxima à do índice de ações verdadeiro, sugerindo que expectativas são úteis em explicar o enigma do excesso de volatilidade.
- Depois, eles checam se as expectativas dos analistas se movem com os preços. Inicialmente, mostram que o índice baseado em expectativas acompanha bem o preço das ações. As expectativas

dos analistas aparentam ser uma boa *proxy* para a expectativa de mercado. Eles demonstram evidência também de que as expectativas de lucros não são aferidas dos preços das ações, mas são constituídas de maneira independente.

- Em seguida, a hipótese de que as expectativas podem explicar a variação na razão preço sobre lucro é verificada, na medida em que o índice baseado em expectativas tem capacidade de explicar 62% da variação do preço sobre lucro e 72% da razão preço sobre dividendo.
- Por fim, os autores demonstram que as expectativas ajudam a explicar a previsibilidade dos retornos das ações. Inicialmente, eles mostram que as expectativas sobre crescimento de lucro em longo prazo impactam negativamente os retornos futuros, enquanto as expectativas de curto prazo sobre lucros não têm esse mesmo impacto. Tal constatação é consistente com a sobrerreação de expectativas acerca do crescimento em longo prazo dos lucros. O mecanismo funciona da seguinte forma: depois de fundamentos fortes, as expectativas em longo prazo tornam-se excessivamente otimistas, o que infla os preços das ações e leva ao futuro desapontamento e baixo retorno.

Em síntese, o mecanismo é demonstrado com base em três fatos:

- Lucros altos no passado levam à revisão das projeções de lucros de longo prazo para cima;
- As projeções revisadas são sistematicamente frustradas;
- Os erros de projeção embutidos preveem baixo retorno.

É essa ligação entre os erros de projeção previsíveis e os retornos que confirma o mecanismo.

O NOVO MODELO DE SHLEIFER

Seguindo Campbell e Shiller (1987), o log do retorno r_{t+1} é dado por:

$$r_{t+1} = \alpha p_{t+1} + (1-\alpha)d_{t+1} - p_t + k \quad , \qquad (1)$$

em que p_t é o log do preço das ações e d_t é o log do dividendo no tempo t, sendo k uma constante; α depende do log da razão preço-dividendo dado por pd.

$$\alpha = \frac{e^{pd}}{(1+e^{pd})} < 1$$

<u>Iterando</u> (repetindo) a equação (1), temos a decomposição de Campbell e Shiller:

$$p_t - d_t = \frac{k}{1-\alpha} + \sum_{s \geq 0} \alpha^s g_{t+1+s} - \sum_{s \geq 0} \alpha^s r_{t+1+s} \quad , \qquad (2)$$

em que $g_{t+s+1} = d_{t+s+1} - d_{t+s}$ é o crescimento do dividendo entre $t+s+1$ e $t+s$. A variação na razão preço-dividendo ocorre devido à variação no crescimento do dividendo, ou no **retorno requerido**, ou em ambos. No modelo racional de dividendos descontados, o retorno requerido é constante e, portanto, preços apenas refletem a expectativa racional sobre o crescimento de dividendos. Como já vimos no decorrer dos capítulos, esse modelo não explica bem os movimentos de preços.

Agora, vamos explorar como expectativas não racionais podem endereçar o comportamento dos preços. Fazemos isso tirando a expectância da equação 2 e mantendo a hipótese original de retorno constante requerido:

$$p_t^M = d_t + \frac{k-r}{1-\alpha} + \sum_{s \geq 0} \alpha^s \mathbb{E}_t^M (g_{t+s+1}) \qquad (3)$$

Suponha que a expectativa dos mercados seja dada por:

$$\mathbb{E}_t^M (g_{t+s+1}) = \mathbb{E}_t (g_{t+s+1}) + \in_{M,t}, \qquad (4)$$

em que a esperança sem o sobrescrito *M* é a expectativa racional. Nessa expressão com formato reduzido, a diferença para a racionalidade é dada pelo choque **épsilon**, processo autorregressivo com um termo.

$$\in_{M,t} = \rho \in_{M,t-1} + u_{M,t},$$

em que ρ está contido no intervalo entre 0 e 1 e $u_{M,t}$ é **i.i.d.** normal com média zero e variância σ_M^2. Desse modo, expectativas têm uma componente que olha para o futuro e são racionais, no caso especial em que $\sigma_M^2 = 0$. Em geral, entretanto, são contaminadas pela persistência no processo épsilon.

Como as equações (3) e (4) dialogam com os três enigmas sobre preços?

Primeiro, excesso de volatilidade refere-se ao fato de a variância de preços ser muito alta em comparação com o que seria esperado com base em expectativas racionais e taxa de retorno constante.

Define-se excesso de volatilidade como:

$$\Delta V_{RE} > 0, \text{ em que } \Delta V_{RE} = \text{Var}(p_t^M - p_{t-1}^M) - \text{Var}(p_t^{RE} - p_{t-1}^{RE})$$

Agora, considere o enigma sobre a razão preço-dividendo. No modelo de dividendos descontados, regredir o fluxo descontado de dividendos na razão preço-dividendo deveria gerar um coeficiente igual a 1. Isso é fortemente rejeitado pelos dados. Nesse modelo que estamos estudando, os erros nas expectativas podem explicar os dados se o coeficiente a seguir for menor que 1.

$$\hat{\beta}_{M,P} = \frac{\text{cov}(\sum_{s \geq 0} \alpha^s g_{t+s+1}, p_t^M - d_t)}{\text{Var}(p_t^M - d_t)}$$

Por último, vamos avaliar o enigma da preditibilidade. Quando as ações estão caras ($p_t - d_t$ é alto), os retornos futuros descontados ($\sum \alpha^s r_{t+s+1}$) são baixos. Nesse modelo, os erros nas expectativas podem explicar esses dados se o seguinte coeficiente for negativo:

$$\hat{\beta}_{M,R} = \frac{\text{cov}(\sum_{s \geq 0} \alpha^s r_{t+s+1}, p_t^M - d_t)}{\text{Var}(p_t^M - d_t)}$$

A pergunta que precisa de resposta é: em quais condições os três enigmas aparecem nos dados? Quando a volatilidade do ruído nas expectativas é grande o suficiente, $\sigma_M^2 >> 0$?

Outro fato que ajuda bastante a entender os três enigmas é a correlação positiva entre épsilon e preço. Ou seja, o modelo pode explicar o excesso de volatilidade dos preços de ativos, a variação da razão preço-dividendos e a previsibilidade de retornos se as expectativas se moverem bem mais do que os dividendos.

O modelo também explica os enigmas se as distorções de expectativas forem correlacionadas com fundamentos; em outras palavras: se expectativas sobrerreagem a notícias. Uma hipótese realista em boa medida.

SOBRERREAÇÃO E EXPECTATIVAS MACROECONÔMICAS

Como vimos até aqui, há evidência de que analistas sobrerreagem às notícias ao reformular suas expectativas. No entanto, costumamos ver expectativas de consenso macroeconômico – como as publicadas semanalmente no relatório *Focus* do Banco Central do Brasil – serem ajustadas gradualmente às notícias. Esse mecanismo pode ser considerado uma sub-reação e é exatamente o contrário da sobrerreação aparente nos dados de projeções dos analistas individuais. Como ambos os fatos podem ser verdadeiros?

Bordalo, Gennaioli, Ma e Shleifer reconciliam as duas regularidades empíricas por meio de uma versão do modelo de aprendizagem de informação dispersa baseado na expectativa de diagnóstico. Eles seguem Woodford (2003) e Coibion e Gorodnichenko (2015), assumindo que a informação é dispersa entre os indivíduos, de modo que os analistas, individualmente, sobrerreagem às notícias, mas o agregado dessa informação ao consenso tem um processo mais lento.

Com base nos dados de expectativas sobre atividade econômica, consumo, investimento, emprego, construção de novas casas, gastos do governo e taxas de juros, Bordalo, Shleifer, La Porta e Gennaioli chegaram às seguintes conclusões:

- A hipótese de expectativas racionais é consistentemente rejeitada nos dados de projeções individuais, na medida em que os erros de projeção são sistematicamente predizíveis com base nas revisões de projeção;
- Sobrerreação a uma informação é a norma nos dados de projeção individual;
- A norma em projeções agregadas de consenso é exatamente o contrário: ela subrreage às notícias;

- O novo modelo de Shleifer de expectativas de diagnóstico é adequado para capturar a dinâmica das projeções individuais dos analistas;
- As projeções individuais sobrerreagem 50% a mais do que a notícia de fato justificaria.

EXPECTATIVAS DE DIAGNÓSTICO, CICLO DE CRÉDITO E VOLATILIDADE MACROECONÔMICA

Aplicar as expectativas de diagnóstico a outro enigma conhecido da literatura econômica, a **prociclicidade** do crédito, é também bastante elucidativo. A ideia é que, quando as coisas vão bem, a heurística da representatividade faz os emprestadores sobrerreagirem às boas notícias com excesso de otimismo sobre as chances de pagamento da dívida. Com isso, os *spreads* de crédito ficam bem pequenos e os preços dos títulos sobem muito.

No entanto, eventualmente, a distribuição verdadeira das condições econômicas fica evidente, porque a taxa de inadimplência sobe. Os agentes, por sua vez, sobrerreagem a essa informação, subindo os *spreads* bancários de maneira abrupta e induzindo um período de queda forte de crédito, de investimento e, consequentemente, da atividade econômica. O ciclo de crédito e a volatilidade macroeconômica decorrente ficam ainda mais profundos ao se considerar uma fricção econômica realista, que é a ideia de que existe uma dívida segura e as outras, que podem ser reclassificadas como inseguras.

▶ NA PRÁTICA

❶ De acordo com o novo modelo de Shleifer, como são explicados os enigmas dos preços?

❷ Qual é a dualidade entre as expectativas individuais dos analistas e as expectativas de consenso?

❸ Como o novo modelo de Shleifer ajuda a explicar o ciclo de crédito e a amplitude do ciclo econômico?

EPÍLOGO

A melhor maneira de terminar um livro é elencar o que foi possível aprender com sua leitura e apontar o que ficou faltando. É isso que tentamos fazer neste momento. Finanças comportamentais ainda é um campo em desenvolvimento. Portanto, essa não é uma matéria encerrada, existindo ainda muito o que aprender.

Boa parte do campo de finanças comportamentais aplica de forma sistemática ideias que circulam no mundo dos investimentos e nas mesas de operações, há décadas. Mas então quem está certo? Os defensores da Hipótese dos Mercados Eficientes (HME) ou seus críticos? Certamente, há pouca dúvida de que os críticos da HME ganharam terreno nos últimos trinta anos. Até os defensores mais ferrenhos da HME têm recuado. Malkiel teve palavras simpáticas à reversão à média em um de seus últimos artigos.

Fama concorda que existem muitos assuntos em aberto. Kahneman, por sua vez, pondera que a teoria tradicional de finanças não deve ser abandonada, já que ela possui várias verdades. Shleifer tenta manter uma posição de equilíbrio, mesmo sabendo que seus artigos causaram o maior dano à HME. O debate não acabou, mas o pêndulo foi contra a HME.

A hipótese semiforte da HME implica que preço resume toda informação conhecida publicamente. Malkiel argumentou que a HME é verdadeira, porque os gestores de recursos não conseguem vencer o mercado. O argumento é que, se houvesse distorções no mercado, pessoas inteligentes poderiam operar isso por um lucro. Mas o argumento é um pouco exagerado; afinal, o fato de gestores deixarem de vencer o mercado nos últimos anos não significa que ele não possa ser vencido.

Ademais, pesquisas mostraram que o mercado é predizível. Se o mercado fosse eficiente, os retornos de ações deveriam seguir um processo martingal (ou seja, não seriam predizíveis). O que vimos foi que a evidência aponta na direção contrária: reversão à média, momento de preço e de lucro, efeitos calendários. Com tudo isso, os críticos da HME ficam em vantagem.

Se a informação determina preços, então quanto, de fato, os preços podem variar sem mudança nos fundamentos? O *crash* de 19 de outubro de 1987, quando o Dow Jones caiu 22% sem motivo aparente, pareceu estranho. O mercado subiu 30% no início do ano, depois despencou e, em seguida, voltou para seu patamar inicial sem que nenhuma razão fundamental pudesse ser apontada. Ninguém conseguiu explicar, trinta anos depois, qual fundamento se moveu para que houvesse tamanha alteração nos preços. Esse simples fato é um grande argumento contra a HME.

Outro argumento nessa toada bastante importante é o que Shiller constrói tentando entender o excesso de volatilidade. Se as ações são um estimador do fluxo futuro de dividendos trazido a valor presente, esse estimador não pode ser mais volátil do que a variável estimada. Shiller mostra com clareza que as ações são muito mais voláteis do que fundamentos poderiam justificar.

Será que dois ativos idênticos podem ser negociados a preços diferentes? A resposta é que sim, a não ser que os ativos sejam fungíveis. O exemplo famoso da Royal Dutch e Shell engrossa a lista de vezes em que isso acontece. Shleifer e coautores, em artigo sobre os limites da arbitragem (1990), desenvolveram um argumento elegante para que a lei do preço único seja quebrada na ausência de fungibilidade. Essa é uma derrota clara para a HME. Defensores da HME afirmam que essas são exceções. A questão é que tais exceções parecem bastante comuns para serem desprezadas.

AGENDA DE PESQUISA

No campo de finanças comportamentais, existem três agendas de pesquisa bem definidas:

1. pesquisa sobre tomada de decisão e psicologia, iniciada por Kahneman e Tversky;
2. pesquisa sobre autocorrelação dos retornos e efeitos calendários;
3. pesquisa teórica sobre qual modelo econômico é compatível com os fatos empíricos e com a psicologia humana.

A pesquisa sobre heurísticas utilizadas na tomada de decisão detalha melhor o fato de atores econômicos (indivíduos, firmas) não se comportarem de modo racional. Essa agenda detalha as regras simples, as regras de bolso e os atalhos. A saber: efeito dotação; efeito *status quo*; sobreotimismo; mau cálculo de probabilidades; viés de apresentação; representatividade; lei dos pequenos números; saliência; aversão à perda.

Essa é uma agenda encantadora que transcende economia e finanças. Fama argumentou que vários vieses apontados nessa literatura atuam em direções opostas e, com isso, cancelam-se, como a Lei dos grandes números.

Fama tem um ponto: é difícil saber como cada viés impacta a tomada de decisão. Que as pessoas não se comportam de maneira racional, como se assume na teoria econômica, não interfere necessariamente no fato de que o aumento da oferta reduz o preço. Precisa-se demonstrar mais claramente que esses vieses têm um impacto real.

Já a aversão à perda é diferente. Se ela for verdade, muitas das predições da HME estão em risco. Aversão à perda é uma resposta para o enigma do prêmio das ações. Ela explica também o efeito disposição em que indivíduos vendem as ações vencedoras e retêm as perdedoras. Existe pesquisa com macacos evidenciando bases genéticas para a aversão à perda, documentada em Chen, Lakshminarayanan e Santos (2006). O problema é que modelar utilidade com aversão à perda é difícil, porque tudo passa a depender do caminho.

A agenda empírica continua aberta. Hoje, e cada vez mais, há novos dados e computadores mais potentes. A correlação serial no mercado de ações provê muita munição contra a HME. Se os preços dos ativos podem ser previstos com regras de bolso, então eles não são um processo martingal e violam a HME.

O fato de essas regras de previsibilidade se sustentarem nos dados mesmo depois de muitos anos de divulgação implica algo faltante. O argumento contrário é que existe um risco não observado que deveria capturar esse movimento. Mas qual é esse risco? Passaram-se 25 anos desde Fama e French e ninguém conseguiu apontá-lo com precisão.

Juntando quantitativa e qualitativamente economia e psicologia, a pesquisa teórica é a que mais tem avançado nos últimos anos, conforme descrito no Capítulo 19. Shleifer, Gennaioli, La Porta, Bordalo e outros coautores documentaram que a distorção está nas expectativas. Examinando dados de pesquisas sobre expectativas de agentes de mercado, observamos que elas seguem um processo que tem o viés de percepção de representatividade. Ou seja, as últimas observações têm mais peso na formação de expectativas do que se elas fossem racionais.

Com essa característica, chamada de **expectativas de diagnóstico**, somada ao aprendizado dos preços e na presença de *noise traders*, consegue-se um modelo teórico que explica o observado. Esse feito é um grande avanço para o campo das finanças comportamentais.

QUAL É A RELEVÂNCIA DESSE DEBATE?

Mercados podem mesmo ser previsíveis, como muitos *traders* e investidores argumentam? Faz sentido existirem *hedge funds*? A HME pode ser falsa em algumas de suas previsões? *Booms* e *busts* (expansões e colapsos) podem ser características endêmicas dos mercados financeiros? Tudo isso tem consequências importantes para política econômica ótima e, portanto, para a melhoria do bem-estar da população.

Por exemplo, bolhas e colapsos financeiros ainda estão começando a ser decifrados pela teoria. Não sabemos por que bolhas surgem, como elas acabam e o que ocorre depois. Isso tem uma imensa aplicação prática por conta das reações a colapsos financeiros. O que observamos é que, em geral, se decide colocar uma regulamentação substancial no setor que gerou a bolha. Só que não há evidência de que regulação reduza a probabilidade de bolhas. Se bolhas forem características inerentes ao mercado, será que vale a pena regular? Qual é o custo-benefício?

Bolhas e colapsos financeiros ainda não são inteligíveis. As recessões que seguiram 1929 e 2008 tiveram uma reação regulatória muito forte por parte dos governos. Coincidentemente ou não, foram recessões que mais se prolongaram e nas quais a retomada econômica foi mais retardada. Outros colapsos econômicos se recuperaram muito mais rapidamente. Devemos nos perguntar, em termos de pesquisa, se e quanto a regulação prejudicou o funcionamento da economia de mercado.

O que causam bolhas? Em geral, elas são atribuídas a instituições que expandem suas atividades para que se materializem. No caso da bolha imobiliária de 2008, por exemplo, a culpa foi do setor financeiro, que canalizou dinheiro para NINJAs. Na prática, entretanto, esse foi apenas o mecanismo da bolha. Um fato importante a ser considerado como originário dessa bolha específica foi a manutenção dos juros muito baixos para ocupar a população de baixa escolaridade nos

Estados Unidos, enquanto empregos de manufatura iam para a Ásia. Esses fatos não explicam exatamente como a bolha começou.

O que sustenta as bolhas? Elas são sustentadas por alavancagem em geral. Mesmo que se imponham restrições regulatórias, quando as bolhas começam, o crédito dá seu jeito de alimentá-las. Instituições financeiras ultrapassam a regulação e entram em ação. A tentação é muito grande para quem tem um orçamento a cumprir. Todos os seus pares entregam resultado, menos você! Como é possível incentivar o mercado a não querer alimentar as bolhas que estão se formando e, dessa forma, não criar o mecanismo que, ao final da linha, permitirá que elas explodam?

Nessa sequência, fica também a questão sobre como as bolhas acabam. O que ocorre depois? Poucas pessoas perguntam isso. Em geral, o fim de uma bolha é atribuído a algum fato exógeno. Shleifer e coautores propõem que o fim dos fatos novos faz o mecanismo da bolha se esgotar. Depois que elas acabam, geralmente há regulação para preveni-las, mas, mesmo assim, elas voltam a ocorrer com outro rosto e roupagem – e, fatalmente, com consequências muito parecidas.

NOSSOS VIESES TÊM IMPLICAÇÃO PARA O BEM-ESTAR?

Em 2009, Thaler e Sunstein publicaram a obra *Nudge*, na qual argumentam que nossos vieses de irracionalidade abrem espaço para intervenção governamental capaz de elevar o bem-estar. É preciso ter muito cuidado com isso, pois a emenda pode sair pior que o soneto. Talvez nossa irracionalidade nos deixe mais feliz. Quanto vale a liberdade de escolha? É imprescindível pesquisar melhor como lidar com nossos vieses antes de assumir que eles são bons para pessoas tomarem decisões por nós.

GESTÃO DE RECURSOS PODE PROVER VALOR?

Esse parece um assunto resolvido, já que há muita pesquisa mostrando que o gestor de recursos médio (ou os chamados *mutual funds* médio) não ganha do mercado. No entanto, há novos entrantes e vieses amostrais que podem fazer que a resposta não seja tão simples. Não se deve olhar apenas os *mutual funds*, mas também os *hedge funds*, os *private equity funds* etc. É possível que as próprias firmas de gestão de recursos estejam sujeitas aos mesmos vieses dos indivíduos. Existe evidência de que os novos fundos têm um desempenho superior aos antigos, talvez porque os gestores antigos já ficaram ricos e querem curtir a vida? Enfim, há muito espaço para pesquisa.

EFEITOS DE RETROALIMENTAÇÃO

A retroalimentação de preços de ativos no setor real é uma agenda de pesquisa pouco explorada. Existem alguns poucos trabalhos teóricos sobre o assunto, que ainda não nos ajudam a entender bem o fenômeno. Talvez objetos sejam construídos, produtos sejam fabricados, empregos sejam criados e cursos sejam feitos por conta de distorção de preços de ativos. Talvez isso exista, mas não seja relevante. Há pouca literatura sobre o mecanismo e sua importância; trata-se de uma agenda de pesquisa essencial.

REFERÊNCIAS BIBLIOGRÁFICAS

ABREU, Dilip; BRUNNERMEIER, Markus K. Bubbles and Crashes. *Econometrica*, v. 71, n. 1, Jan. 2003. p. 173-204.

ADORNO, Theodor *et al. The Authoritarian Personality*. Nova York: Harper, 1950.

ARROW, Kenneth. The Theory of Discrimination. *In*: ASHENFELTER, O.; REES, A. (ed.). *Discrimination in Labor Markets*. Nova Jersey: Princeton University Press, 1973.

ARROW, Kenneth. What has Economics to Say about Racial Discrimination? *Journal of Economic Perspectives*, v. 2, n. 2, 1998. p. 91-100.

BALL, Ray; BROWN, Phillip. An Empirical Evaluation of Accounting Income Numbers. *Journal of Accounting Research*, v. 6, n. 2, Aut. 1968. p. 159-178.

BALL, Ray; KOTHARI, S. P.; SHANKEN, Jay. Problems in Measuring Portfolio Performance: An Application to Contrarian Investment Strategies. *Journal of Financial Economics*, v. 38, 1995. p. 79-107.

BARBER, Brad M.; ODEAN, Terrance. Trading is Hazardous to Your Wealth: The Common Stock Investment Performance of Individual Investors. *The Journal of Finance*, v. LV, n. 2, Apr. 2000.

BARBER, Brad M.; ODEAN, Terrance. Boys Will be Boys: Gender, Overconfidence, and Common Stock Investment. *The Quarterly Journal of Economics*, v. 116, n. 1, Feb. 2001. p. 261-292.

BARRO, Robert J. Rare Disasters and Asset Markets in the Twentieth Century. *The Quarterly Journal of Economics*, v. 121, n. 3, 2006. p. 823-866.

BLACK, Fischer. Noise. *The Journal of Finance*, v. 41, n. 3, July 1986. Papers and Proceedings of the Forty-Fourth Annual Meeting of the American Finance Association. New York, NY, December 28-30, 1985. p. 529-543.

BLEICHRODT, Han *et al*. Resolving Inconsistencies in Utility Measurement Under Risk: Tests of Generalizations of Expected Utility. *Management Science*, v. 53, 2007. p. 469-482.

BORDALO, Pedro; GENNAIOLI, Nicola; SHLEIFER, Andrei. Diagnostic Expectations and Credit Cycles. *Journal of Finance*, v. 73, 2018. p. 199-227.

BORDALO, Pedro *et al*. Stereotypes. *The Quarterly Journal of Economics*, v. 131, n. 4, 2016. p. 1753-1794.

BORDALO, Pedro *et al*. Diagnostic Expectations and Stock Returns. *The Journal of Finance*, v. 74, n. 6, 2019.

BORDALO, Pedro *et al*. Overreaction in Macroeconomic Expectations. *American Economic Review*, v. 110, n. 9, 2020. p. 2748-2782.

CAMPBELL, J.; KYLE, A. S. Smart Money, Noise Trading and Stock Price Behaviour. *Review of Economic Studies*, v. 60, n. 1, 1993. p. 1-34.

CAMPBELL, John; SHILLER, Robert. Cointegration and Tests of Present Value Models. *Journal of Political Economy*, v. 95, 1987. p. 1062-1088.

CHAN, Louis; JEGADEESH, Narasimhan; LAKONISHOK, Josef. Momentum Strategies. *The Journal of Finance*, v. 51, n. 5, Dec. 1996. p. 1681-1713.

CHEN, M. Keith; LAKSHMINARAYANAN, Venkat; SANTOS, Laurie R. How Basic Are Behavioral Biases? Evidence from Capuchin Monkey Trading Behavior. *Journal of Political Economy*, v. 114, n. 3, June 2006. p. 517-537.

CHONG, Ryan *et al*. Pre-Holiday Effects: International Evidence on the Decline and Reversal of a Stock Market Anomaly. *Journal of International Money and Finance*, v. 24, n. 8, Dec. 2005. p. 1228-1229.

CHORDIA, Tarun; SHIVAKUMAR, Lakshmanan. Earnings and Price Momentum. *Journal of Financial Economics*, v. 80, n. 3, June 2006. p. 627-656.

COHEN, Jacob. The Statistical Power of Abnormal-Social Psychological Research: A Review. *Journal of Abnormal and Social Psychology*, v. 65, Sep. 1962. p. 145-153.

COHEN, Randolph B.; POLK, Christopher; VUOLTEENAHO, Tuomo. The Value Spread. *The Journal of Finance*, v. LVIII, n. 2, Apr. 2003.

COIBION, Olivier; GORODNICHENKO, Yuriy. Information Rigidity and the Expectations Formation Process: A Simple Framework and New Facts. *American Economic Review*, v. 105, n. 8, Aug. 2015. p. 2644-2678.

CONRAD, Jennifer; KAUL, Gautam. Long-Term Market Overreaction or Biases in Computed Returns? *The Journal of Finance*, v. 48, Mar. 1993. p. 39-63.

COOPER, Michael J. *et al.* The Other January Effect. *The Journal of Finance Economics*, v. 82, n. 2, Nov. 2006. p. 315-341.

DANIEL, Kent; HIRSHLEIFER, David; SUBRAHMANYAM, Avanidhar. Investor Psychology and Security Market Under and Overreactions. *The Journal of Finance*, v. LIII, n. 6. Dec. 1998. p. 1839-1885.

DANIEL, Kent; TITMAN, Sheridan. Evidence on the Characteristics of Cross Sectional Variation in Stock Returns. *The Journal of Finance*, v. 25, n. 1, Mar. 1997. p. 1-33.

DE BONDT, Werner F. M.; THALER, Richard. Does the Stock Market Overreact. *The Journal of Finance*, v. 40, n. 3, July 1985.

DE CONTI, Bruno. *Os fundos brasileiros de previdência complementar: segmentações analíticas e estudos preliminares sobre a alocação de seus recursos*. Brasília: Instituto de Pesquisa Econômica Aplicada (IPEA), 2016.

DE LONG, J. Bradford SHLEIFER, Andrei; SUMMERS, Lawrence H.; WALDMANN, Robert J. Noise Trader Risk in Financial Markets. *Journal of Political Economy*, v. 98, n. 4, Aug. 1990. p. 703-708.

FAMA, Eugene Francis. Random Walks in Stock Market Prices. *Financial Analysts Journal*, v. 21, n. 5, May 1965. p. 55-59.

FAMA, Eugene Francis. Efficient Capital Markets: A Review of Theory and Empirical Work. *The Journal of Finance*, v. 25, n. 2, May 1970. p. 383-417.

FAMA, Eugene Francis; FRENCH, Kenneth. The Cross-Section of Expected Stock Returns. *The Journal of Finance*, v. 47, n. 2, June 1992. p. 427-465.

FAMA, Eugene Francis; FRENCH, Kenneth R. O modelo de precificação de ativos de capital: teoria e evidências. *In*: *RAE Clássicos*: o modelo de precificação de ativos de capital: teoria e evidências. Abr./jun. 2007. Disponível em: <https://www.scielo.br/pdf/rae/v47n2/v47n2a15.pdf>. Acesso em: 10 dez. 2020.

FIGLEWSKI, Stephen. Subjective Information and Market Efficiency in a Betting Market. *Journal of Political Economy*, v. 87, 1979. p. 75-88.

FRIEDMAN, Milton. *Inefficient Markets*. Chicago: University of Chicago Press, 1953.

GENNAIOLI, Nicola; SHLEIFER, Andrei; VISHNY, Robert. Neglected Risks, Financial Innovation, and Financial Fragility. *Journal of Financial Economics*, v. 104, 2012. p. 452-468.

GLAESER, Edward L. The Political Economy of Hatred. *The Quarterly Journal of Economics*, v. 120, Feb. 2005. p. 45-86.

GRAHAM, Benjamin; DODD, David. *Security Analysis*. New York: Whittlesey House, McGraw-Hill Book Co., 1934.

GRINBLATT, Mark; KELOHARJU, Matti. Tax-Loss Trading and Wash Sales. *Journal of Financial Economics*, v. 71, n. 1, Jan. 2004. p. 51-76.

GRINBLATT, Mark; MOSKOWITZ, Tobias J. Predicting Stock Price Movements from Past Returns: The Role of Consistency and Tax-Loss Selling. *Journal of Financial Economics*, v. 71, n. 3, Mar. 2004. p. 541-579.

HANSEN, Peter Reinhard; LUNDE, Asger. Testing the Significance of Calendar Effects. *Working Papers 2003-03*, Brown University, Jan. 2003.

HAUGEN, Robert A.; JORION, Philippe. The January Effect: Still There After All These Years. *Financial Analysts Journal*, v. 52, n. 1, Jan.-Feb. 1996. p. 27-31.

HIRSHLEIFER, David; SUBRAHMANYAM, Avanidhar; TITMAN, Sheridan. Feedback and the Success of Irrational Investors. *Journal of Financial Economics*, v. 81, n. 2, 2006. p. 311-338.

JEGADEESH, Narasimhan; TITMAN, Sheridan. Returns to Buying Winners and Selling Losers: Implications for Stock Market Efficiency. *The Journal of Finance*, v. 48, n. 1, Mar. 1993. p. 65-91.

JENSEN, Michael C. Agency Costs of Free Cash Flow, Corporate Finance, and Takeovers. *The American Economic Review*. Papers and Proceedings of the Ninety-Eighth Annual Meeting of the American Economic Association, v. 76, n. 2, May 1986. p. 323-329.

JORDÀ, Òscar *et al*. The Rate of Return on Everything, 1870-2015. Federal Reserve Bank of San Francisco. *Working Paper 2017-25*.

JORION, Philippe; GOETZMANN, William N. Global Stock Markets in the Twentieth Century. *The Journal of Finance*, v. 54, n. 3, June 1999. p. 953-980.

KAHNEMAN, Daniel. *Thinking, Fast and Slow*. New York: Farrar, Straus and Giroux, 2011.

KAHNEMAN, Daniel; TVERSKY, Amos. Prospect Theory: An Analysis of Decision under Risk. *Econometrica*, v. 47, n. 2, Mar. 1979. p. 263-292.

KEIM, D. Size-Related Anomalies and Stock Return Seasonality: Further Empirical Evidence. *Journal of Financial Economics*, v. 12, 1983. p. 13-32.

KEYNES, John Maynard. *A teoria geral do emprego, do juro e da moeda*. Reino Unido: Palgrave Macmillan, 1936.

KNETSCH, Jack L.; SINDEN, J. A. Willingness to Pay and Compensation Demanded: Experimental Evidence of an Unexpected Disparity in Measures of Value. *The Quarterly Journal of Economics*, v. 99, n. 3, Aug. 1984. p. 507-521.

KNIGHT, Frank. *Risk, Uncertainty and Profit*. London: Houghton Mifflin, 1921.

LAKONISHOK, Josef; SMIDT, Seymour. Are Seasonal Anomalies Real? A Ninety-Year Perspective. *Review of Financial Studies*, v. 1, n. 4, 1988. p. 403-425.

LA PORTA, Rafael. Expectations and the Cross-Section of Stock Returns. *The Journal of Finance*, v. 51, n. 5. p. 1715-1742.

LEFÈVRE, Edwin. *Reminiscences of a Stock Operator.* New York: John Wiley e Sons, 2006 (1. ed. 1923).

LIST, John A. Neoclassical Theory *Versus* Prospect Theory: Evidence from the Marketplace. *Econometrica*, v. 72, n. 2, 2004. p. 615-625.

LUCAS JR., Robert E. Econometric Policy Evaluation: A critique. *Carnegie-Rochester Conference Series on Public Policy*, v. 1, 1976. p. 19-46.

MACKAY, Charles. *Memoirs of Extraordinary Popular Delusions and the Madness of Crowds.* London: Richard Bentley, 1841.

MALKIEL, Burton G. *A Random Walk Down Wall Street*: The Time-Tested Strategy for Successful Investing. New York: W. W. Norton & Company, 2019 (1. ed. 1973).

MEHRA, Rajnish; PRESCOTT, Edward C. The Equity Premium: A Puzzle. *Journal of Monetary Economics*, v. 15, n. 2, Mar. 1985. p. 145-161.

MEHRA, Rajnish. The Equity Premium: Why Is It a Puzzle? *Financial Analysts Journal*, v. 59, n. 1, Jan./Feb. 2003. p. 54-69.

MERTON, R. C. Optimum Consumption and Portfolio Rules in a Continuous-Time Model. *Working Papers 58*. Massachusetts Institute of Technology (MIT), Department of Economics, 1970.

NEUMANN, John von; MORGENSTERN, Oskar. *Theory of Games and Economic Behavior.* New Jersey: Princeton University Press, 1944.

ODEAN, Terrance. Are Investors Reluctant to Realize their Losses? *Journal of Finance*, v. 53, n. 5, Oct. 1998. p. 1775-1798.

PHELPS, Edmund S. The Statistical Theory of Racism and Sexism. *American Economic Review*, v. 62, n. 4, 1972. p. 659-661.

RABIN, Matthew. Risk Aversion and Expected-Utility Theory: A Calibration Theorem. *Econometrica*, v. 68, n. 5, Sep. 2000, p. 1281-1292.

ROGALSKI, Richard J. New Findings Regarding Day-of-the-Week Returns over Trading and Non-Trading Periods: A Note. *Journal of Finance*, v. 39, 1984. p. 1603-1614.

ROLL, Richard. Vas Ist Das? *The Journal of Portfolio Management*, v. 9, n. 2, 1983. p. 18-28.

SAMUELSON, Paul. An Exact Consumption-Loan Model of Interest with or without the Social Contrivance of Money. *Journal of Political Economy*, v. 66, Dec. 1948. p. 467-482.

SAMUELSON, William; ZECKHAUSER, Richard. *Status Quo* Bias in Decision Making. *Journal of Risk and Uncertainty*, v. 1, n. 1, 1988. p. 7-59.

SCHNEIDER, David J. *The Psychology of Stereotyping*. New York: Guilford Press, 2005.

SHILLER, Robert J. *Irrational Exuberance*. New Jersey: Princeton University Press, 2000.

SHILLER, Robert J. From Efficient Markets Theory to Behavioral Finance. *Journal of Economic Perspectives*, v. 17, n. 1, 2003. p. 83-104.

SHLEIFER, Andrei; VISHNY, Robert W. The Limits of Arbitrage. *The Journal of Finance*, v. 52, n. 1, Mar. 1997. p. 35-55.

SIEGEL, Jeremy. *Stocks for the Long Run* – The Definitive Guide to Financial Market Returns and Long-Term Investment Strategies. New York: McGraw-Hill, 1994.

SILVA, Leonardo Tadeu Biondo. *Modelo de cinco fatores Fama-French*: teste no mercado brasileiro. Dissertação (mestrado profissional MPFE) – Fundação Getulio Vargas, Escola de Economia de São Paulo. 59 f. Área de Concentração: Economia. São Paulo, 2019.

SMITH, Adam. *A riqueza das nações*: uma investigação sobre a natureza e as causas da riqueza das nações. 1. ed. Londres: William Strahan e Thomas Caldell, 1776.

SMITH, Adam. *Teoria dos sentimentos morais*. 2. ed. São Paulo: WMF Martins Fontes, 2015 (1. ed. 1759).

SUBRAHMANYAM, Avanidhar; TITMAN, Sheridan. Feedback from Stock Prices to Cash Flows. *The Journal of Finance*, v. 56, n. 6, 2001. p. 2389-2413.

SULLIVAN, Ryan; TIMMERMANN, Allan; WHITE, Halbert. Dangers of Data Mining: The Case of Calendar Effects in Stock Returns. *Journal of Econometrics*, v. 105, n. 1, Nov. 2001. p. 249-286.

THALER, Richard H. *The Winner's Curse*: Paradoxes and Anomalies of Economic Life. New York: Free Press, 1992.

THALER, Richard; SUNSTEIN, Cass. *Nudge*: Improving Decisions about Health, Wealth and Happiness. New York: Penguin, 2009.

WOODFORD, Michael. *Interest & Prices*: Foundations of a Theory of Monetary Policy. Nova Jersey: Princeton University Press, 2003.

ZHOU, Haigang; ZHU, John Qi. Jump on the Post-Earnings Announcement Drift. *Financial Analysts Journal*, v. 68, n. 3, May-June 2012. p. 63-80.

GLOSSÁRIO

Achado empírico
Descoberta baseada em análises estatísticas.

Ad hoc
Expressão latina que significa "para esse efeito". Em economia, é utilizada quando se assume alguma hipótese sem uma explicação prévia profunda.

Alocação da poupança
Destinação de parte das economias ou rendas reservadas, não gastas em consumo.

Ambiente intertemporal
Espaço em que o processo de decisão sobre o que fazer e quanto fazer, em dado momento, influencia as possibilidades disponíveis em outros momentos.

Arbitradores racionais
Investidores que negociam de modo não aleatório e embasados pelos valores fundamentais dos ativos, por meio de compras e vendas simultâneas dos mesmos títulos, ou de um essencialmente similar, em diferentes mercados, por preços distintos, de forma a obter uma vantagem na operação, trazendo o preço da ação sobreavaliada a patamares compatíveis com seu valor fundamental.

Axioma
Princípio estabelecido que, apesar de não ser uma verdade necessária, é universalmente aceito.

Bancos custodiantes
Instituições financeiras responsáveis por deter a guarda e o registro de ações e ativos de fundos, seja de pessoas físicas, seja de jurídicas, intermediando a relação e transmitindo os dados a gestores e a administradores do fundo e à Comissão de Valores Mobiliários (CVM).

Basileia III

Conjunto de regras emitidas pelo Comitê da Basileia de Supervisão Bancária (BCBS) válidas para todos os países signatários do acordo de Basileia no período que se seguiu à crise de 2008. Basileia III foi publicado em dezembro de 2010 e trazia propostas de cooperação internacional entre bancos centrais e outras agências voltadas à regularização, à estabilidade e à proteção das vulnerabilidades dos sistemas bancários e financeiros.

Bayesianismo

Relacionado à fórmula de Bayes, que implica probabilidades condicionais.

Bolha financeira

Aumento exagerado e injustificado no valor de um ativo, variando abruptamente em relação ao valor intrínseco ou médio correspondente desse mesmo ativo.

Book-to-market ratio

Indicador que compara o valor de uma empresa nos livros contábeis com seu valor no mercado financeiro. Utilizado na análise fundamentalista por investidores para decidir quais ações comprar ou vender, principalmente em estratégias de longo prazo.

Capitalização de mercado

Valor de uma empresa negociado em Bolsa.

Cauda

A cauda de uma distribuição estatística representa as realizações daquela variável aleatória distante da média. Se dizemos que uma distribuição tem cauda gorda, significa que há muita chance de vermos uma realização bem distante da média.

Cesta de consumo

Ou cesta de mercadorias. Conjunto de itens, em determinadas proporções ou quantidades, consumidos pelos indivíduos. O termo é utilizado para cálculos de inflação, por exemplo.

Correlação serial

Teste estatístico aplicado autorregressivo, que correlaciona a observação de uma variável a outra.

Crédito procíclico

Evento que aprofunda o ciclo econômico/financeiro, por exemplo, mais gastos do governo durante época de crescimento acelerado.

Crítica comportamentalista

Crítica embasada no conceito de economia comportamental que se preocupa com os limites de racionalidade dos agentes econômicos e cria modelos comportamentais integrando conhecimentos de psicologia e neurociência às teorias microeconômicas, considerando efeitos de fatores psicológicos, sociais, cognitivos, emocionais e econômicos nas decisões de indivíduos e instituições.

Depósito interbancário CDI

Certificado de Depósito Interbancário (CDI) é um título emitido pelos bancos para regular empréstimos de curtíssimo prazo entre as próprias instituições.

Dinheiro inteligente

Expressão usada para se referir ao dinheiro que se move rapidamente, antecipando tendências de mercado.

Dividendo

Distribuição de parcela de lucros de uma companhia distribuída entre seus acionistas.

Dow Jones

Índice da Bolsa de Valores norte-americana que serve de referência para o mercado internacional. É composto de ações de trinta grandes corporações.

Econometrista

Profissional especialista em econometria, área da economia que utiliza ferramentas estatísticas e modelos matemáticos para análises de variáveis econômicas.

Efeito manada
Comportamento de inclinação para harmonização das ações de maneira coletiva, repetindo ações adotadas pelos seus pares ou pessoas influentes, motivado pelo desejo de aceitação, pertencimento e de obtenção do melhor resultado possível diante das opções presentes.

Épsilon
Letra grega utilizada para denotar erro ou pequenas quantidades.

Equity premium puzzle
Incapacidade de modelos econômicos explicarem o prêmio médio dos retornos em uma carteira de ações bem diversificada sobre os títulos do Tesouro Americano.

Especuladores
Investidores que focam suas operações nos *day trades*, negócios à vista ou prêmios de opções, comprando e vendendo ações no mesmo dia, focados nos ganhos por meio das flutuações dos preços dos ativos. Podem ser compreendidos como operadores de barulho, ou *noise traders*.

Estimador viesado
Medida estatística que, em média, está incorreta.

Expectância matemática
Expectância é o valor esperado de uma variável aleatória. É simplesmente a média de quanto aquela variável pode valer.

Fato estilizado
Apresentação simplificada ou generalizada de uma constatação empírica, resumindo dados que, embora essencialmente verdadeiros, possam apresentar imprecisões no detalhe.

Função de utilidade
Modelagem matemática do conceito econômico de utilidade que mensura a satisfação ou os benefícios percebidos resultantes do critério subjetivo de

escolha utilizado pelo sujeito na seleção de algum produto ou bem, entre as diversas opções similares ou com as mesmas características.

Hedge fund

Ou fundo multimercado (também conhecido como fundo de cobertura ou fundo de proteção). Consiste em um pacote de investimento criado e administrado por um gestor, com alocação de recursos em variadas modalidades de ativos com diferentes riscos, objetivando proteção do capital financeiro de perdas e elevado retorno aos investidores.

Holdings

Instituições cuja função principal é centralizar a gestão de outras companhias, participações sociais ou conglomerados de determinado grupo, exercendo controle sobre outras empresas.

i.i.d. (Independent and Identically Distributed)

Conceito aplicado em teoria de probabilidade e estatística em que uma coleção de variáveis aleatórias é independente e distribuída de modo idêntico se cada variável aleatória tiver a mesma distribuição de probabilidade que as outras e todas forem mutuamente independentes.

Iterar

Processo de repetir ação que gera resultado, em que cada processo de repetição se refere a uma iteração.

Large caps

Empresas listadas em Bolsas de Valores consideradas de grande porte por seu valor de mercado e com alta capitalização.

Lastro

Base de valor que serve como garantia para algum instrumento financeiro, como moeda, dívida ou ação.

Lei dos grandes números

Um dos mais importantes teoremas da teoria da probabilidade que descreve o resultado da realização da mesma experiência repetidas vezes. Segundo o teorema, se tirarmos a média do resultado de um experimento realizado muitas vezes, tenderemos a nos aproximar da média real.

Liquidez de mercado

Facilidade de converter um bem em recurso financeiro (dinheiro) e de transacionar (comprar e vender) esse bem.

Long

Ou operar *long*. Aquisição de ações com potencial de valorização para posterior venda e ganho com a variação das cotações.

Long & Short

Combinação das operações, venda de ação que não possui (*short*), com expectativa de desvalorização (e alugar a ação vendida a descoberto para entregar ao comprador), e, com o recurso da venda, comprar uma ação com potencial de valorização (*long*).

Marginalmente

Segue o conceito de utilidade marginal, que apresenta a relação econômica em que cada unidade adicional de consumo de determinado produto possui valor decrescente de utilidade, cada nova unidade apresentando menor utilidade que a anterior (lei da utilidade marginal).

Market maker

Participante do mercado que se compromete a manter ofertas de compra e venda de um ativo, dando liquidez a ele, e estabelecer o preço máximo e mínimo para as negociações, funções normalmente exercidas por bancos, corretoras e demais instituições financeiras contratadas para essa finalidade.

Mercado de capitais

Também chamado de mercado de valores mobiliários. Segmento do sistema financeiro responsável por intermediar negociações entre empresas que necessitam captar recursos para financiar projetos e entidades investidoras, que diferentemente das operações de crédito tradicionais, negocia ativos como participação acionária (ações) ou títulos de dívida (debêntures).

Mercado de investimento passivo

Segmento de mercado de investimento que oferta carteiras prontas, com ativos pré-selecionados, para aplicação de longo prazo, normalmente simulando algum índice de mercado, como os fundos de índice ou ETF (Exchange Traded Fund).

Microfundamento

Análise do comportamento de agentes econômicos individuais, como famílias e companhias, que alicerçam a teoria macroeconômica.

MSCI World

Morgan Stanley Capital International – Global, índice de carteira teórica de ativos financeiros utilizado por gestores como referência para a tomada de decisões de composição de portifólio e carteiras de fundos de investimento.

Múltiplos

Conceito econômico-financeiro de avalição de empresas que consiste em correlacionar o resultado gerado pela companhia por meio de um índice em relação a algum fator, como números contábeis de períodos anteriores ou outras empresas do mesmo segmento de atuação.

Payoff

Função utilizada na teoria dos jogos que define o custo-benefício de cada estratégia. Em finanças, também se relaciona com pagamento.

Poder preditivo

Capacidade de prever.

Portfólio de ativos

Conjunto de quaisquer bens e direitos que geram caixa em algum momento futuro, por exemplo, títulos do governo, dinheiro, imóveis e ações.

Preço de reserva

Valor máximo que o consumidor está disposto a pagar por determinado bem ou serviço.

Probabilidade condicional

Conceito matemático direcionado ao estudo da possibilidade de ocorrência de um acontecimento condicionado a outro.

Processo estacionário

Processo que ocorre quando todas as características do comportamento do processo não são alteradas no tempo e, portanto, ele se desenvolve em torno da média, sendo irrelevante uma escolha da origem dos tempos.

Processo estocástico

Sequência de variáveis aleatórias no tempo.

Profecia autorrealizável

Prognóstico que se torna uma crença e provoca sua própria concretização por meio da ação das pessoas, que acabam por tornar real a previsão, materializando-a efetivamente.

Razonetes

Ferramentas de representação gráfica bastante utilizadas por contadores para desenvolver o raciocínio contábil e elaborar registros individuais de lançamentos contábeis.

Renda fixa

Modalidade de rendimento previsível, com regra de remuneração estabelecida no ato do investimento através de uma taxa pré-fixada ou pós-fixada, muitas vezes indexada a algum índice, como a inflação.

Retorno requerido

Recompensa ou ganho financeiro mínimo desejado pelo investidor para compensar o risco do investimento no ativo.

Reversão à média
Conceito estatístico aplicado em economia que indica que todas as variáveis em movimento ascendente ou descendente tendem a retornar a sua média histórica.

S&P 500
Índice do mercado de ações que mede o desempenho das ações de quinhentas grandes empresas listadas em Bolsas de Valores dos Estados Unidos.

Spreads de bid-ask
Diferença entre o preço pelo qual um ativo é ofertado e o preço pelo qual ele é vendido. O *ask price* é o preço pelo qual o vendedor está disposto a vender seu ativo, enquanto o *bid price* é o valor que o comprador está disposto a pagar imediatamente pelo ativo.

Stakeholders
Pessoas e organizações que podem ser afetadas por um projeto ou uma empresa, de forma direta ou indireta, positiva ou negativamente. Assim, possuem interesse na gestão de empresas ou na gestão de projetos, tendo investido ou não neles.

Startups
Empresas novas, em geral pequenas e inovadoras, com potencial de crescimento elevado. Muitas são focadas em tecnologia.

Subprimes
Títulos de dívida (empréstimos para aquisições de ativos, normalmente físicos, como imóveis) que apresentam alto risco de inadimplência por serem oferecidos a tomadores com poucas garantias de saldar o débito.

T-Bill
Treasury Bills, notas do Tesouro Americano, títulos de dívida de curtíssimo prazo emitidos pelo Departamento do Tesouro dos Estados Unidos.

Teoria geral de apreçamento
Conjunto de estudos e metodologias sobre a formação do preço de ativos, comparando suas eficiências e aplicabilidades.

Transformação monotônica
Ordenamento da utilidade que é mantido diante do ordenamento da quantidade dos bens, transformando um conjunto de números em outro, preservando a ordem original dos números.

Valuation
Método de cálculos e índices de avaliação econômico-financeira para precificação ou definição do real valor de um bem. Técnica utilizada para avaliar a compra ou a venda de empresas, ações ou outros ativos.

Variância
Medida estatística aplicada em economia para relacionar dispersão – ou distanciamento – dos valores avaliados em relação à média da amostra.

Variância igual a zero
Ganho na média, sem risco de perdas ou ganhos excepcionais; ativo livre de risco.

Variável aleatória independente
Variável cujo valor depende de um evento aleatório, como o lançamento de dados.

Wall Street
Nome dado ao popular distrito financeiro localizado em Manhattan, na cidade de Nova York, onde se situam a sede original da Bolsa de Valores de Nova York (NYSE) e as maiores corretoras e bancos de investimento dos Estados Unidos.

grupo novo século

Compartilhando propósitos e conectando pessoas
Visite nosso site e fique por dentro dos nossos lançamentos:
www.gruponovoseculo.com.br

figurati

gruponovoseculo.com.br

Edição: 1ª
Fonte: Damien-Text